揚帆在
暗礁遍布
人生之河

乘著迎面而來的風，
跟隨希望一同逆流而上

林麗娟，江城子——編著

眼前一片黑暗，看不見路的盡頭。
讓睿智之語點亮你的心頭，
告別痛苦，永不回頭！

目 錄

目錄

目錄

前言

（一）

　　一句睿智的話，往往能給聽者一種醍醐灌頂、豁然開朗的感覺。

　　相傳一個部落年輕人去南洋謀生，懷著對前途的忐忑不安找到了族長。族長送了他三個字：「不要怕。」年輕人遵命遠行，經過在外二十多年的打拼後，已是中年的他決定回鄉探親。他有了一些成就，也多了很多心事。歸程日短，近鄉情怯。他決定再去拜訪那位族長，以求得一些指導。族長已經作古，但留給這個勇敢的闖蕩者三個字：「不要悔」。返鄉人看了這三個字，心理包袱頓時全無。

　　人生的路崎嶇蜿蜒，啟程之時「不要怕」，歸航之日「不要悔」——這短短六個字組成的一句話，凝聚了人生的大智慧。

　　睿智的話，不在於多，而在於精。老子的《道德經》不過區區五千字，其中所包含的智慧至今為人所津津樂道。隨便從《道德經》中拿一句出來，都是大有乾坤。例如：「知人者智，自知者明；勝人者有力，自勝者強」，誰敢說這不是一句參透人生的智慧之語？

　　讀萬卷書，有時不如「破」一句話。

（二）

　　一句話能改變一個人的人生嗎？

　　我想很多人對此是持懷疑態度的。因為一個人固有的生活態度、行事習慣隱含極大的慣性，區區的一句話要想徹底扭轉，的確有很大的難度。就像我們天天讀《道德經》，並不一定能讓自己悟出「道」一樣，但對於某些處

前言 ──────────────

於痛苦、迷惘之中的人來說，有時候一句貼切的話，的確能夠造成撥雲見日的作用。如同給一個在痛苦的房子裡走不出來的人開一扇門，給在迷惘的黑夜裡徬徨的人點一盞燈。

　　本書中的眾多睿智之語，對於讀者來說更多的或許只是「聽聽」而已。而想聽進心裡，並因此改變自己，全看機緣。如果你正為某事所苦、所煩、所惑，本書中可能正好有一句話如醍醐灌頂般讓你眼睛一亮，心頭一驚；那麼，編者恭喜你開悟了。

（三）

　　本書絕不是一部傳統的名言集。首先，這些睿智之語來源龐雜，除了極少量的是所謂的名人之語外，更多來自於網路中、生活裡。這些言論更像是一群「草根」的人生感悟。「草根」更接近大地，「草根」更接近大眾，他們的話更真實、更平常。其次，本書在列舉了睿智之語的同時，努力地對話語做深度解讀，而不僅僅停留在簡單的層次羅列上。

　　在編者看來，任何宣揚絕對正確的思想與言語，都是可疑的。遵循這一理念，編者希望讀者閱讀本書時，不僅要運用眼睛，更要動頭腦。

　　有一千個讀者，就有一千個哈姆雷特。或許，這正是悲劇《哈姆雷特》的魅力所在。編者所解讀的這些智慧之言，也許與讀者的感受會有所不同。但這並不重要，只要你被這些短語觸動了、思考了、感悟了、哪怕只有一句話，也會令編者無比欣慰。如果讀者因為本書而得到一句值得銘記一生的話，那將是讀者的莫大收穫，也是編者的無上光榮。

編者

第一章
揚帆在暗礁遍布的人生之河

人生的價值，在於看準一件有意義的事，盡其心力去做，就不辜負每一天的生命。艱難困苦，玉汝於成。人生的風雨是立世的訓喻，生活的苦難是人生的老師。有一句義大利諺語是這樣說的：「即使水果成熟前，味道也是苦的。」不經過霜打的柿子，不會變得綿軟可口。

英雄莫問出處；路，是人走出來的。

眼界決定境界，思路決定出路

看到才能想到，想到才能做到。一個人要想將事業做得多大、多好、多精，首先要看他的眼界有多寬、多遠、多深。人生需要大視野。一個人的眼界，決定了他成就的境界，目之所及的地方，也是他成就的極限。其次，要看他的方法是否正確。思考的路徑與方法 —— 也就是「思路」，對出路有著決定性的作用。在現代社會裡，每個人都在想盡一切辦法解決生活中的問題，而最終的成功者只屬於方法最適當的那些人。

眼界要開闊深遠

一個人視野開闊，能避免走入窘迫的人生格局，將自己的才能與機遇充分利用。此外，視野開闊的人還能博采眾家之長補己之短，亦能知己知彼。那些眼界窄、閉門造車的人，不但學不到新東西，還易增加驕惰之氣，易失去良好的機遇。

視野開闊還只是成大事者的一面。凡成大事者，眼光莫不深邃遠大。平常人認為平常之事，成大事者往往能看出外表下所掩蓋的機會或危險。

建寧王李倓是唐肅宗的兒子。此人文武雙全，深得肅宗的喜歡和軍中將士的愛戴。有一回唐軍東征，肅宗覺得李倓是兵馬大元帥的理想人選，有意讓李倓來擔任兵馬大元帥。

　　丞相李泌知道後，對肅宗說：「建寧王確實很有才能，無論從文從武上說，這次東征的元帥應該非他莫屬，但是有件事您不要忘了，他還有一個哥哥廣平王呢！您把全國的主要兵力都由建寧王帶走，他又有很高的名望，那廣平王會很不舒服。如果此次東征失利，那就罷了，如果大獲全勝，凱旋而歸，建寧王和廣平王誰輕誰重，天下人都會瞭然於胸。」

　　肅宗擺手道：「先生大可不必為此擔心，廣平王乃是我的第一皇子，將來立為太子繼承帝位是一定的，他不會將一個元帥的位置看得如此重。」

　　李泌回答：「皇上所言極是，可目前廣平王尚未被立為太子，外人也都不知道您的想法。再說，難道只有長子才能立為太子嗎？在太子未立之時，元帥之位就為萬人所矚目。在世人眼中，也就是誰當了元帥，誰就最有可能成為太子。假如建寧王當了元帥並在東征中立大功，到了那時，陛下您即使不想讓他當太子，建寧王自己也不想當太子，可是，那些隨他建功立業的將士們難免會蠱惑他登位？特別是您的封賞若稍有差池，他們更有可能藉機實行兵變，擁立建寧王為太子，到時形勢所逼，建寧王怎能推卸？我朝初年的太宗皇帝和太上皇帝玄宗的例子，不就是前車之鑑嗎？」

　　李泌的一席話，使肅宗恍然大悟，於是下令任廣平王為天下兵馬大元帥，掛印東征。

　　身為丞相的李泌，透過唐初的玄武門事件，很快洞悉到如果任命建寧王為兵馬大元帥，將來極可能會引起宮廷政變。他超強的洞察力使得一場潛在的紛爭化為無形。

　　高明的棋手，能以長遠的目光來縱觀全局棋勢，能看出後面許多步棋的走法。當然，「棋藝」的高明不是天生的，而是靠後天辛勤的練習、觀察和思考培養出來。那些走一步算一步、只看眼前利益的人，若不懂得拓寬與拓深自己的視野，就很難在紛繁複雜的社會局勢中獲得機會。

思路決定你的出路

　　「田忌賽馬」的典故相信讀者都聽說過。齊國將軍田忌與齊王賽馬，並沒有多少勝算。但田忌經過謀士點撥，就輕鬆從齊王那裡贏了千金賭注。孫臏的計謀說起來很簡單，卻非常有效：用下等馬對付齊王的上等馬，拿上等馬對付齊王的中等馬，而中等馬則用來對付齊王的下等馬。三場比賽，每場賭注為千金。田忌輸一場贏兩場，千兩黃金穩落袋中。

　　明明是一場沒有勝算的賭博，只是因為動腦筋，就擁有了化腐朽為神奇的神力。思路，決定了一個人的出路。人生在世，不如意的事情總是難免。落榜了、失業了、破產了、生病了、失戀了、離婚了……人有時會因此而陷入絕望。身處似乎找不到出路的境地，只要你善於轉換思路，定是「山窮水盡疑無路，柳暗花明又一村」！

　　麥克是一家大公司的高級主管，他面臨一個兩難的境地，一方面，他非常喜歡自己的工作，以及跟隨工作而來的豐厚薪水 —— 他的職位使他的薪水只增不減。但是，另一方面，他非常討厭他的上司。經過多年的忍受，他發覺最近已經到了忍無可忍的地步。在經過慎重思考之後，他決定去人力銀行謀求其他公司的高級主管職位。人力銀行告訴他，以他的條件，再找一個類似的職位並不困難。

　　回到家中，麥克把這一切告訴了他的妻子。他的妻子是一名教師，那天剛剛教學生如何重新界定問題，也就是把你正在面對的問題換一個角度考慮。把正在面對的問題完全顛倒過來看 —— 不僅要和你以往看這問題的角度不同，也要和其他人看這問題的角度不同。她把上課的內容講給麥克聽，給了麥克很大的啟發，一個大膽的創意在他腦中浮現。

　　第二天，他又來到人力銀行，這次他是請人力銀行替他的上司找工作。不久，他的上司接到了人力銀行打來的電話，請他去其他公司高就。

儘管他完全不知道這是他的下屬和人力銀行共同努力的結果，但正好這位上司對於自己現在的工作也厭倦了，所以沒有考慮多久，他就欣然接受了這份新工作。

這件事最美妙的地方在於上司接受了新的工作，他目前的職位就空出來了。麥克申請這個職位，於是坐上了原本上司的職位。

這是一個真實的故事，在這個故事中，麥克本意是想替自己找個新工作，以躲開令自己討厭的上司。但他的太太教他換個角度想問題，就是替他的上司而不是他自己找一份新的工作。結果，他不但做著自己喜歡的工作，還擺脫了令自己厭煩的上司，並得到了意外的升遷。

拿破崙・希爾（Napoleon Hill）說過：「世界上所有的計畫、目標和成就，都是經過思考後的產物。」你的思考能力，是你唯一能完全控制的，你可以用智慧或愚蠢的方式去思考，但無論如何運用，它都會顯示一定的力量。

在很多年前的一次歐洲籃球錦標賽上，保加利亞隊與捷克斯洛伐克隊相遇。當比賽只剩下 8 秒鐘時，保加利亞隊以 2 分優勢領先，並且擁有發球權，這場比賽對保加利亞隊來說已穩操勝券。但是，那次錦標賽採用的是循環制，保加利亞隊必須贏 6 分的淨勝球才能取得出線，進入下一輪比賽。可要用僅剩下的 8 秒鐘再贏 4 分絕非易事，怎麼辦？

這時，保加利亞隊的教練突然請求暫停。當時許多人認為保加利亞隊被淘汰是不可避免的，該隊教練即使有回天之力，也很難力挽狂瀾。然而等到暫停結束，比賽繼續進行時，球場上出現了一件令眾人意想不到的事情：只見保加利亞隊拿球的隊員突然運球向自己籃下跑去，並迅速起跳投籃，球應聲入網。這時，全場觀眾目瞪口呆，全場比賽結束的時間到了。當裁判員宣布雙方打成平局需要加時賽時，大家才恍然大悟：保加利亞隊

這一出人意料之舉，為自己創造了一次起死回生的機會。加時賽的結果是保加利亞隊贏了 6 分，如願以償地出線了。如果保加利亞隊堅持以常規方式打完全場比賽，是絕對無法獲得真正的勝利的，而往自家籃中投球這一招，頗有以退為進之妙。

魯迅先生曾經說：「世上本來沒有路，走的人多了，也就有了路」。魯迅先生強調的是「路是人走出來的」。只是，當一個人處在絕路時，是無法等到「走的人多了」，有了路再去沿路突圍。路在你自己的腳下，如果你看不到，是因為你的思想斷路了、短路了。通往彼岸的路不止一條。大路走不通可以走小路，捷徑走不了可以迂迴繞行。總之，方法總比問題多。

▌命運負責洗牌，但是玩牌的是我們自己

對於不如意的現狀，不少人喜歡用「命運不濟」來安慰自己。如果僅僅只是安慰自己還沒什麼，問題是他們不僅習慣用此安慰自己，還用此來麻痺自己、放任自己潦倒與沉淪。命運不好不要緊，試看那些建功立業的成功人士，有幾個是含著金鑰匙出生的？有幾個不是靠自己後天的努力而一步步走向巔峰的？

命運負責洗牌，但玩牌的是我們自己。一手好牌不一定就能贏牌，一手壞牌也不一定會輸。人生重要的不是站的位置，而是所朝的方向。如果我們仔細分析知名的成功人士，你會發現：他們中的大多數並不是我們所想像中的命運寵兒。他們現在很風光，未來也很燦爛，但他們的曾經也如同你我一般，有過潦倒、痛苦、掙扎、失敗、困惑。他們沒有顯赫的家世，沒有名校的文憑。他們一開始，並沒有抓到一副好牌。

「一個年輕人要能夠繼承的最豐厚的遺產，莫過於他出生於貧賤之家。」這句鋼鐵大王安德魯・卡內基（Andrew Carnegie）的話引人深思。

窮且不墜青雲之志

「宋兵甲」是誰？「土匪乙」是誰？

這些在影視劇中根本就不重要的角色，以至於編劇在創作劇本時連個具體的名字也懶得為這些角色取。當然，這些不重要的角色由誰來演，也同樣不重要。在西元 1983 版的《射鵰英雄傳》中，有一個一出場就死去的角色——宋兵甲，由當時默默無聞的周星馳扮演。

周星馳出生於一個貧寒的家庭，在貧民窟長大。這個場景後來成為《功夫》中「豬籠城寨」的原型。周星馳七歲那年，他的父母離異。小周星馳和母親相依為命，其艱辛可想而知。西元 1982 年周星馳在兩次落選之後，終於考入藝訓班，開始了長達七八年的跑龍套生涯，周星馳曾在接受採訪時追述昔日的辛酸：「當年混得的確很糟糕，有時候不得不為了多賺幾十塊錢收入，而四處燒香拜佛等候差遣。那時候片場經常是幾組戲同時趕工，經常是口令一來馬上調換行頭轉場子。為了生計著想，不得不學著很滑頭的樣子，有時候為謀得扮演一個死屍的機會也要費盡心力去爭取。這是很無奈的選擇，否則怎麼辦？難道要繼續受制於貧窮？」

出身貧寒、嘗遍辛酸與坎坷的「跑龍套」的周星馳，如今已被尊稱為影壇的喜劇之王。如果你看過周星馳主演的電影《喜劇之王》，就明白一個窮小子要登上閃光的舞臺「挑大梁」是何等艱辛。在《喜劇之王》中的周星馳扮演的尹天仇儼然就是成名前歷經辛酸的周星馳。尹天仇作為一個被所有人忽視與踐踏的跑龍套演員，卻整天捧著本《論演員的自我修養》來學習，經常以阿Q的精神重複著這一句話：「其實我是一個演員。」有人說這部電影是周星馳的自傳，周星馳也承認其中有很多是自己過去的寫照。對於自己的人生歷程，周星馳曾這樣總結：「我的奮鬥史，不是獨一無二的，社會上比比皆是……像我們這些平凡人，如果不是靠著信念、

鬥志，怎能做出成績？」

對於演員來說，劇本就是命運，導演就是「上帝」，周星馳卻努力要做自己命運的編劇、自己人生的導演。周星馳曾回憶自己漫長的跑龍套生涯，說演的角色「就算一出場就死掉，也要研究死法。」這句話有一點傷感，但更多的是一種不甘心命運安排的吶喊。也許正是其中包含著複雜的情感，我們聽到這句話的時候，會觸痛心靈最柔軟的地方，引起震撼、沉思與共鳴。

窮且不墜青雲之志。在演藝圈，當今幾乎所有在青雲上翱翔的人物都有類似的經歷。他們的起點都很低，曾經都是混跡在街頭巷尾的無名小卒，只因心中那希望之花永不凋謝，只因那胸中的熱情之火從不熄滅，他們一步步爬上了事業的巔峰。

「……當你是地平線上的一棵小草的時候，你有什麼理由要求別人在遙遠的地方就看見你？即使走近你了，別人也可能會不看你，甚至會無意中一腳把你這棵草踩在腳底下。當你想要別人注意你的時候，你就必須變成地平線上的一棵大樹。人是可以由草變成樹的，因為人的心靈就是種子。你的心靈如果是草的種子，你就永遠是一棵被人踐踏的小草。如果你的心靈是一棵樹的種子，就算被人踩進了泥土裡，只要你的心靈是一棵樹的種子，你早晚有一天會長成參天大樹。」

失意時要像瘦鵝一樣

美國歷史上赫赫有名的總統亞伯拉罕・林肯（Abraham Lincoln），出生於一個貧窮的家庭。在他的成長道路上，可謂歷經坎坷。有人曾為林肯做過統計，他一生只成功過 3 次，但失敗過 35 次，不過第 3 次成功使他當上了美國總統。事實也的確如此。最終使他得到命運的第三次垂青，或

者說爭取到第三次成功的，完全是他的堅強。在他競選參議員落選的時候，他就說過：「此路艱辛而充滿泥濘，我一隻腳滑了一下，另一隻腳因而站不穩。但我喘口氣，告訴自己，這不過是滑一跤，並不是死去而爬不起來。」

倘若我們在失意時渾渾噩噩的、一蹶不振，只會失意又失志，最後終將失去自己的前程。如果我們沉住氣、挺直腰，像彈簧一樣收縮自己的高度，但積蓄著能量，只等機會出現就能再次崛起。因為有挫折才會奮起，不要因挫折而折斷人生奮進的脊柱。

2008 年 10 月 15 日，享有「經營之神」盛譽的「臺塑」董事長王永慶離開了人世，享年 92 歲。王永慶年輕時先是在米店打工，後來靠經營一家米店起步。他一路走來，經歷了很多坎坷與挫折。他曾這樣說：「人在失意之時，要像瘦鵝一樣能忍飢耐餓，鍛鍊自己的忍耐力，等待機會到來。」在抗戰時期，由於糧食不足，王永慶只得讓自家的鵝到野外去覓食。一般說來，鵝養了 4 個月後，就有 3 ～ 4 公斤重了。可是，當時養的鵝，由於只吃野草，4 個月下來仍只有 1 公斤重。等到抗戰勝利，糧食危機緩解，瘦鵝有了充足的飼料，居然能在兩個月裡從兩公斤迅速增加到快 5 公斤！究其原因，是因為瘦鵝具有頑強的生命力，不但胃口奇佳，而且消化力極強，所以只要有東西吃，牠們立刻就能肥起來。

苦澀的感覺是成長與內心掙扎必然的一部分。我們可能常常自言自語：「為什麼是我呢？我已經夠努力了，但命運總是與我作對，這太不公平了。」誰不曾有過這種感覺呢？然而，如果你任由自己陷於怨恨與絕望，就永遠無法在人格變得成熟，成長亦無從發生。痛苦的境遇就像是撒落肥料在自我的田野上一樣，可以促進自我的成長，自我田野中的禾苗亦會因為受到耕耘、施肥而能夠更茁壯健康地生長。

我們的人性並非一開始就發展得很完善。相反的，它是經過日常生活的競爭和挑戰之後才日臻完善，就像一塊鐵在鐵匠的爐火中經過千錘百煉才能成形。面對失意，不能失志。燕子飛去，有再來的時候；楊柳枯了，有再綠的時候，桃花謝了，有再開的時候……

▍成功從「撿磚頭」開始

　　「成功從撿磚頭開始！只要有造房子的夢想，缺少磚頭沒關係，日復一日撿磚頭碎瓦，終有一天會有足夠的磚頭來造心中的房子。」

　　許多有抱負的人大多忽略了積少成多的道理，只想一鳴驚人，而不去做埋頭耕耘的工作。等到忽然有一天，他看見比自己晚開始的，比自己資質差的，都已經有了可觀的收穫，這才驚覺到自己在這片園地上還是一無所有。這時他才明白，不是上天沒有給他理想或志願，而是他一心只等待豐收，但忘了辛勤耕耘。

唯有埋頭，才能出頭

　　一個冬天的傍晚，山南的狗熊和山北的兔子在雪地艱難覓食時碰面了。在飢寒交迫中，牠們詛咒著殘酷現實，並描繪了各自美好的未來。

　　「再也不能這麼過了，」狗熊有氣無力地說，「冬天一過，我就要種一畝玉米，到秋天準能收穫很多玉米，我把這些玉米掛在山洞裡存起來，就不會在明年的冬天再這麼狼狽了。」

　　「再也不能這麼過了，」兔子無精打采地說，「冬天一過，我就要種一畝胡蘿蔔，到秋天一定能收穫很多胡蘿蔔，我把這些胡蘿蔔藏在地窖裡存起來，就不會在明年的冬天再這麼痛苦了。」

　　……

又一個冬天到了，山南的狗熊和山北的兔子再次在雪地重逢。狗熊沒提種玉米的事，兔子也沒說種胡蘿蔔的事，牠們只是禮貌性地打了個招呼，便各自四處覓食。原來，狗熊在春天整天在山上忙著採食鮮美的蜂蜜，種玉米的事早就被牠拋在腦後；兔子在春天倒是下了胡蘿蔔的種子，但夏天卻懶得在太陽下替胡蘿蔔苗澆水，結果胡蘿蔔苗全旱死在田裡。

狗熊和兔子都想到如何讓自己過冬的辦法，但要麼沒有採取實際的行動，要麼沒能堅持做下去。牠們注定又要遭受一次飢寒交迫的煎熬。

在我們的日常生活中，也有不少「狗熊式」與「兔子式」的人。「狗熊式」的人大嚷大叫地要做什麼事，但卻總不見行動，到頭來只不過是自欺欺人。「兔子式」的人做事卻有始無終，堅持不到最後，令先前的想法與工作毫無意義。

有了好的想法，就要去實踐。「萬事開頭難」，但開頭之後堅持下去也特別的困難。開始做一件事情，往往靠信心和決心；事情一旦開始，要有始有終就需要靠耐心和恆心了。有的人做事之初信心滿滿、鬥志昂揚，一段時間後就漸漸覺得厭倦，加上事情並不是一帆風順，慢慢地就在各式各樣的困難或干擾中停下了腳步。結果做事情半途而廢，行百步者半九十，說的就是這個道理。

古人云：「唯有埋頭，才能出頭。」種子如不經過在堅硬的泥土中掙扎奮鬥的過程，它將只是一粒乾癟的種子，永遠無法發芽長成一株大樹。

飯要一口一口吃，事要一件一件做。「九層之臺，起於壘土。」一磚一木壘起來的樓房才有基礎，一步一個腳印才能走出一條成形的道路。

如果將一個人的追求目標比作一座高樓大廈的頂樓，那麼一級一級階段性的目標就是層層階梯。這個比喻淺顯易懂，但不少人卻忽視了這一循序漸進的「階梯原則」。馬克西姆・高爾基（Maxim Gorky）在與年輕作

家的談話中說：「著手就寫大部的長篇小說，是非常笨拙的方法。學習寫作應該從短篇小說入手，所有最傑出的作家幾乎都是這樣做的。因為短篇小說用字精煉，資料容易安排、情節清楚、主題明確。我曾勸一位有才能的文學家暫時不要寫長篇，先學寫短篇再說，他卻回答說：『不，短篇小說這個形式太困難。』這等於說：製造大砲比製造手槍更容易。」

高爾基講的就是循序漸進、一步一腳印的道理。建造一幢大樓，要從一磚一瓦開始；繩鋸木斷、水滴石穿就在於點滴的積累。階段性目標雖然慢，卻始終向上攀登，而每個小目標的勝利總給人鼓舞，使人獲得鍛鍊、提高才能。

作家郭泰所著《智囊100》中講了一個有趣的故事：有個小孩在草地上發現了一個蛹。他撿回家，想看蛹如何羽化成蝴蝶。過了幾天，蛹上出現了一道小裂縫，裡面的蝴蝶掙扎了好幾個小時，身體似乎被什麼東西卡住了──一直出不來。小孩子不忍，心想：「我必須助牠一臂之力。」所以，他拿起剪刀把蛹剪開，幫助蝴蝶脫蛹而出。但是蝴蝶的身軀臃腫，翅膀乾癟，根本飛不起來。這隻蝴蝶注定要拖著笨拙的身子與不能豐滿的翅膀爬行一生，永遠無法飛翔了。

這個故事說明了一個道理，每一個事物的成長都有瓜熟蒂落、水到渠成的過程。相反，欲速則不達。

遠在半個世紀以前，美國洛杉磯郊區有個沒有見過世面的孩子，他才15歲，卻擬了個題為《一生的志願》的表格，表上列著：「到尼羅河、亞馬遜河和剛果河探險，登上聖母峰、吉力馬扎羅山和馬特洪峰，駕馭大象、駱駝、鴕鳥和野馬，探訪馬可‧波羅（Marco Polo）和亞歷山大一世走過的路，主演一部《人猿泰山》那樣的電影，駕駛飛機起飛降落，讀完威廉‧莎士比亞（William Shakespeare）、柏拉圖（Plato）和亞里士多德

（Aristotle）的著作，譜一部樂曲，寫一本書，遊覽全世界的每個國家，結婚生孩子，參觀月球……」他把每一項都編了號，一共有 127 個目標。

當他把夢想莊嚴地寫在紙上之後，他就開始循序漸進地實行。16 歲那年，他和父親到喬治亞州的奧克弗諾基大沼澤和佛羅里達州的埃弗格萊茲探險。從這時起，他按計畫逐一實現自己的目標，49 歲時，他已經完成了 127 個目標中的 106 個。這個美國人叫約翰‧戈達德（John Goddard）。他獲得了一個探險家所能享有的榮譽。前些年，他仍在不辭艱苦地努力實現包括遊覽長城（第 49 號）及參觀月球（第 125 號）等目標。

一步一步地前進，一塊一塊地撿磚頭，貴在每天做，難在堅持做。人要耐得住寂寞，才不會因收穫不大而心浮氣躁，不會為目標尚遠而動搖信念。抗得住干擾，頂得住壓力，不因燈紅酒綠而分心走神，不為冷嘲熱諷而猶豫停頓，專心致志、堅定不移。

無論一個人多聰明，如果沒有堅韌不拔的特質，就不會在一個團體中脫穎而出，也不會取得成功。許多人本可以成為傑出的音樂家、藝術家、教師、律師或醫生，但就是因為缺乏堅韌不拔的特質，最終一事無成。

堅韌不拔的人從來不會停下來想想他到底能不能成功，他唯一要考慮的問題就是如何前進，如何走得更遠，如何接近目標。無論途中有高山、河流還是沼澤，他都會去攀登、去穿越。而其他方面的考慮，都是為了實現這個終極目標。對於一個不畏艱難、一往無前、勇於承擔責任的人，人們知道反對他、打擊他都是徒勞的。

再冷的石頭，坐了三年也會暖。歌德（Johann Wolfgang von Goethe）曾這樣描述堅持的意義：「不苟且地堅持下去，嚴厲地鞭策自己繼續下去，就是我們之中最微小的人這樣去做，也很少不會達到目標。因為堅持的無聲力量會隨著時間而增加，從而達到無可抗拒的力量。」

每天進步一點點

　　25 歲的時候，雷因因失業而挨餓，他白天在馬路上亂走，目的只有一個，躲避房東討債。

　　一天他在 42 號街碰到著名歌唱家夏里亞賓（Feodor Chaliapin）先生。雷因在失業前，曾經採訪過他。但是他沒想到的是，夏里亞賓竟然一眼就認出了他。

　　「你在忙嗎？」他問雷因。

　　雷因含糊地回答了他，他想夏里亞賓大概看出了他的際遇。

　　「我住的旅館在第 103 號街，跟我一起走過去好不好？」

　　「走過去？但是，夏里亞賓先生，60 個路口，有點遠呢！」

　　「胡說，」他笑著說，「只有 5 個街口。」

　　「……」雷因不解。

　　「是的，我說的是第 6 號街的一家射擊遊藝場。」

　　這話有些所答非所問，但雷因還是順從地跟他走了。

　　「現在，」到達射擊場時，夏里亞賓先生說，「只有 11 個街口了。」

　　沒過多久，他們到了卡納奇劇院。

　　「現在，只有 5 個街口就到動物園了。」

　　又走了 12 個街口，他們在夏里亞賓先生的旅館停了下來。奇怪的是，雷因並不怎麼覺得疲憊。

　　夏里亞賓為他解釋為什麼不疲憊的理由：

　　「今天走的路程，你可以常常記在心裡。這是生活藝術的一個啟示。你與你的目標無論有多麼遙遠的距離，都不要擔心，把你的精神集中在 5 個街口內的距離，別讓那遙遠的未來令你煩悶。」

　　積沙成塔，集腋成裘。點點星光若連成一片，照樣是一個燦爛的星空！

　　成功是能量聚積到臨界度後自然爆發的成果，絕非一朝一夕之功。一個人眼界的拓展，學識的提高，能力的長進，良好習慣的形成，工作成績的取得，都是一個持續努力、逐步積累的過程，是「每天進步一點點」的總和。每一個重大的成就，都是由一系列小成績累積而成。如果我們留心那些貌似一鳴驚人者的人生，就會發現他們「驚人」的背後是長時間、一點一滴的努力與進步，執著的追求。

　　洛杉磯湖人隊的前教練派特‧雷利（Pat Riley）在湖人隊最低潮時，告訴球隊的 12 名隊員說：「今年我們只要求每人比去年進步 1% 就好，有沒有問題？」球員一聽：「才 1%，太容易了！」於是，在罰球、搶籃板、助攻、抄截、防守一共五方面每個人都各進步了 1%，結果那一年湖人隊居然得了冠軍，而且是最容易的一年。

　　不用一次大幅度的進步，一點點就夠了。不要小看這一點點，每天小小的改變，積累下來就會有大大的不同。而很多人在一生當中，連這一點進步都不一定做得到。人生的差別就在這每天的一點點之間，如果你每天比別人差一點點，幾年下來，就會差一大截。

　　每天進步一點點，聽起來好像沒有衝天的氣魄，沒有誘人的碩果，沒有轟動的聲勢，可細細地思索一下：每天進步一點點，簡直是在默默地創造一個料想不到的奇蹟，在不動聲色中醞釀一個真實感人的神話。某位作家說過一句話：寧可十年不將軍，不可一日不拱卒。要想有水滴石穿的威力，就需要連綿不斷的毅力。一個人的努力，在看不見想不到的時候，在看不見想不到的地方，會生根發芽，開花結果。

　　從現在開始，在每晚臨睡前，你不妨自我反思一下：今天我學到了什麼？我有什麼做錯的事？有什麼做對的事？假如明天要得到理想中的結果，有哪些錯絕對不能再犯？

反思完這些問題，你就會比昨天進步。無止境的進步，就是你人生不斷超越的基礎。

你在人生中的各方面也應該照這個方法做，持續不斷地每天進步一點，長期堅持下來，你一定會有一個高品質的人生。

▌不要理會那些說風涼話的人

不要理會那些說風涼話的人 —— 這句話出自於美國花旗集團財務長莎莉・克勞切克（Sallie Krawcheck）之口。作為全球商界赫赫有名的女強人，莎莉・克勞切克對於成功有著別樣的感悟。

莎莉・克勞切克說自己孩童時期是「那種小孩」：滿臉雀斑、戴牙套，而且還是「四眼田雞」。她若不是少年棒球隊的最後人選，也一定是倒數第二。在莎莉的記憶中，有太多傷心往事，例如有一次她終於打到球，興奮地奔向一壘，半途眼鏡掉了，必須折回去撿眼鏡，否則將看不清路線。周圍的同學肆意地大笑著，莎莉終於控制不住自己而哭了起來。

試圖取得同學認可的莎莉，所有的努力似乎都沒有用。為此，莎莉的情緒極度消沉。從那次棒球事件後，她成績從 A 退步到 C。莎莉的媽媽知道莎莉的心事後，用和大人講話的口吻對她說：不要理會那些取笑你的女孩，她們喜歡說風涼話，站在旁邊批評勇於嘗試的人。莎莉相信她媽媽的話，再也不讓說風涼話的人干擾她的意志。

湯姆・克魯斯（Tom Cruise）在出演《捍衛戰士》（*Top Gun*）之前，只能在好萊塢扮演一些小角色，有時甚至連片酬都沒有。那些導演拒絕他的理由是：不夠英俊、皮膚太黑了、演技太幼稚等。他們用這些看似非常有說服力的理由，斷定湯姆・克魯斯永遠也成不了明星。然而，這些話在今天都變成了笑話。

當譏諷與嘲弄撲面而來

　　有一則寓言，說的是一群動物舉辦了一場攀爬艾菲爾鐵塔的比賽，看誰先爬上塔頂誰就獲勝。很多善於攀爬的動物參加了比賽，更多的動物圍著鐵塔看比賽，替牠們加油。作為比賽的裁判，老鷹早早地飛上塔頂。比賽開始了，所有的動物都不相信參賽的動物能夠到達塔頂，牠們都在議論：「這太難了！牠們肯定到不了塔頂！」聽到這些話，一隻又一隻的參賽動物開始洩氣了，除了那些情緒高漲的幾隻還在往上爬。觀賽的動物繼續喊著：「這個塔太高了！沒有誰能爬上頂端的！」越來越多的參賽動物退出了比賽，最後只有一隻蝸牛還在越爬越高。

　　最後，那隻蝸牛費了很長的時間，終於成為唯一到達塔頂的勝利者。奪冠的蝸牛下來後，得到了許多的掌聲。有一隻小猴子跑上前去，問蝸牛哪來那麼大的毅力爬完全程。誰知道蝸牛一問三不答 —— 原來，這隻蝸牛是個聾子。

　　這個寓言要表達的意思是：不要輕易地被別人的指指點點妨礙了自己前進的腳步。利奧・巴斯卡利亞（Leo Buscaglia）小時候，人們常常告誡他，一旦選錯行，夢想就不會成真，並告訴他，他永遠不可能上大學，勸他把眼光放在比較實際的目標上。但是，他沒有放棄自己的夢想，不但上了大學，還拿到了博士學位。當他決定拋棄已有的一份優越的工作去環遊世界時，周圍人說他最終會為此後悔，並且拿不到終生教職，但是，他還是上了路。結果，回來後他不但找到了一份更好的工作，還拿到了終生教職。當他在南加州大學（University of Southern California）開辦「愛的課程」時，人們警告他，他會被當作瘋子。但是，他覺得這門課很重要，還是開了。結果，這門課使他改變了一生。他不但在大學中教「愛的課程」，還到廣播電臺和電視臺中舉辦愛的講座，受到美國大眾的歡迎，成

25

為家喻戶曉的愛的使者。他說：「每件值得做的事都是一次冒險。怕輸就錯失冒險的意義。冒險當然會有帶來痛苦的可能，可是從來不會去冒險的空虛感更痛苦。」

西元 1987 年，周星馳還在跑龍套中掙扎。這一年，他得到了一個不同於以往的配角：終於在《生命之旅》中演了大配角。雖然還是配角，但有了一個「大」字。在拍劇休息時，心存夢想的周星馳和主角鄭裕玲閒談。論及自己的前途，周星馳問對方自己是否會走紅，結果鄭裕玲說了一句：「你不會紅。」由於當時周星馳已經被很多人看扁，但這次被人當面說出來，周星馳不傷心是不可能的。一次又一次打擊，難道不會心生絕望？周星馳是這樣回答的：「我不從絕望的角度看事情。」次年，周星馳主演《霹靂先鋒》，一炮而紅。

一個生活在底層、卻夢想做大事的人，在謙卑做人與勤懇做事時，總是難免受到許多的譏諷與嘲弄。這似乎是社會常態，因為一粒種子是沒那麼容易長大成材的。在你還孱弱時，無數大腳會有意無意將你踐踏再踐踏。也許你會很不服氣：為什麼要踐踏我啊！我是樹啊！我是明天的棟梁之材啊！對不起，在你沒有長大前，沒有人願意傾聽你、相信你。

對於那些成功者來說，過去所受到的所有傷痛，都是成功之後最榮耀的勛章。而對於失敗者而言，過去的傷常常是一道隱痛。別理那些嘰嘰喳喳的噪音，走自己的路，讓別人去說吧！—— 路是靠自己走出來的。

百萬富翁的免疫系統

當你還只是尋夢者時，是不起眼的，就算你有經世之才 —— 但又有幾個伯樂呢？所以，你的夢想與追求，在有些人眼裡與「癩蛤蟆想吃天鵝肉」差不多，都是自不量力，痴人說夢。總是會有人來打擊你。一個人打

擊你，或許沒有什麼；十個人打擊你，有點動搖了吧！百個人打擊你呢？

別人勸阻或譏笑你的尋夢，也並非想害你，他們有時是無意甚至是善意。「相信我，你走的那條路行不通，別浪費自己的精力了。」他們會這麼說。

根據研究，那些白手起家的百萬富翁都有一種有趣的「免疫系統」── 很強的心理承受能力。他們有一種後天獲得的對惡意批評者過激言論具有抵抗能力的心理盔甲。這些百萬富翁，總是漠視各種批評者和權威人物的負面評價。甚至有些白手起家的百萬富翁們說，某些權威人物所作的貶低的評價對於他們最終取得成功起過一定的促進作用 ── 錘鍊鑄就了他們所需要的抵抗批評的抗體，堅定了他們努力成功的決心。

充滿傳奇色彩的洛克斐勒（John D. Rockefeller），美國的史學家們對他百折不撓的特質給予了很高的評價：「洛克斐勒不是一個尋常的人，如果讓一個普通人來承受如此尖刻、惡毒的輿論壓力，必然會相當消極，甚至崩潰瓦解，然而洛克斐勒卻可以把這些外界的不利影響關在門外，依然全身心地投入他的壟斷計畫中，他不會因受挫而一蹶不振，在洛克斐勒的思想中不存在阻礙他實現理想的絲毫退卻。」

對大多數人來說，接受專業人士給他們的負面評價是最大的打擊。許多人失敗於智力測驗、學習能力測驗和其他測驗。同時，這些人又願意接受命運的安排，所以，他們甚至在未成年之前就已經投降了。對他們而言，差的等級和其他低分自然而然地轉化為後來在工作上的低效率。但我們的白手起家的百萬富翁們選擇了另一條道路：就是不相信那些貶低他們，而且是反覆貶低他們的專業人士。有遠見、有勇氣，有膽量向專業人士、業餘批評人士和教育測驗中心所給出的負面評價進行挑戰。

一個人事業上的成功與他們如何對待批評者之間存在著連繫。關於這

一點，那些成功的人士是怎麼做的呢？他們大多數人要麼對批評者不予理會，要麼把批評當作一種激發他們取得成功的動力。大多數百萬富翁把批評者說成是對他人做出負面評價與預言的人。批評者不像良師益友那樣熱情地幫助他人實現自我改善，而是熱衷於改變他人的目標。事實上，他們似乎是想看到別人的失敗，好像他們是以看到自己的預言成為現實而感到滿意。

那些熱衷於批評的人曾告訴過百萬富翁：

你缺乏最基本的經商才能……
對於一樁新的生意來說，那是我所聽到的最笨的想法……
你的本錢不夠……

在我們身邊，從來不缺少一些所謂飽經風霜的老前輩，他們似乎「什麼世面都見過」，因此總對我們講一些不可做這、不可做那的理由。你產生了個好主意，一句話還沒說完，他就像消防隊員滅火般地向你潑冷水。這種人總能記起過去某時曾有個人也產生過類似想法，結果慘遭失敗，他們總是極力勸你不要浪費時間和精力，以免自尋煩惱。

一個人如果接受了這種負面的觀點，就會早早地從戰場上撤退下來。未來的百萬富翁不會把這種批評當一回事，實際上他們喜歡用事實來反駁這種可笑的預言，而且負面的評論越是多越能激發他們的鬥志。

一家大印刷公司的經理曾回憶起他與自己公司一位會計人員的一次談話：這位會計人員的理想是要成為公司的審計長，或者創辦她自己的公司。因為她連高中都沒畢業，而且又是個新住民，因此這個公司經理善意地提醒她：「你的會計能力是不錯，但你應該根據自己的教育程度，把目標定得更加符合實際。」他的話使她非常生氣，於是，她毅然辭職追尋自己的理想。

　　幾年後她成立了一個會計事務所，專為那些小公司和新住民提供服務。現在，她的會計事務所已發展到了五個據點。

　　其實，我們誰也不知道別人的能力限度到底有多大，尤其是如果他們懷有熱情和理想，並且能夠在困難和障礙面前不屈不撓時，他們的能力限度就很難預料。

　　「無論做任何事情，開始時，最為重要的是不要讓那些總愛唱反調的人破壞了你的理想。」芭芭拉・高登（Barbara Gordon）指出，「這世界上愛唱反調的人真是太多了，他們隨時隨地都可能列舉出千條理由，說你的理想不可能實現。你一定要堅定自己的立場，相信自己的能力，努力實際自己的理想。」

觀音也有不如意，求人不如求自己

　　某人正在屋簷下躲雨，恰好看見觀音菩薩撐傘路過。這人說：「觀音菩薩，請度我一程如何？」觀音說：「我走在雨裡，你躲在簷下，屋簷下沒有雨，你又何需我度你呢？」

　　這人聽到觀音菩薩這樣說，立刻走出屋簷下，站在雨中：「現在我也在雨中了，菩薩應該度我了吧？」

　　觀音說：「我還是不能度你！」

　　「為什麼？佛法不是講普度眾生嗎？」這人納悶地問。

　　觀音解釋說：「你在雨中，我也在雨中，我沒有被雨淋，是因為有傘；你被雨淋，是因為沒有傘。所以不是我度自己，而是傘度我。你要想度，不必找我，請自找傘去！」

　　觀音說完便走了，那個人在雨中被淋透了。

第二天，這個人遇到一件很棘手的事情，便去寺廟裡求觀音菩薩保佑。走進廟裡，他發現觀音的像前也有一個人在拜，而那個人長得跟觀音菩薩一模一樣。他好奇地問：「您是觀音菩薩嗎？」那人答道：「我正是觀音菩薩！」他又問：「那您為何還拜自己呢？」觀音菩薩笑著說：「我也遇到了一件棘手的事，但我知道，自傘自度，自性自度，求人不如求己。」

人生在世，當先自立，方能自強。他人只能幫助你一時，不能幫助你一世。但最終成就你的，只有你自己。一個人要想實現事業和理想，就應該憑藉自己的力量與智慧自強不息，以腳踏實地、勤懇的態度去奮鬥，努力挖掘出自己最大的潛力，不斷地追求與創造。有一句名對聯說得好：「有志者，事竟成，破釜沉舟，百二秦關終屬楚；苦心人，天不負，臥薪嘗膽，三千越甲可吞吳」。相反，如果否認了自我，不透過發展自己的智慧與力量去開拓進取，反而一味地寄希望於他人，就永遠無法在競爭中占據主動，也只能受制於人。

自立方能自強

有一種植物叫蔦，它的身體又細又柔軟，自己無法長高，只能沿著其他高大的植物往上爬。慢慢地蔦的枝葉茂盛起來，還結了不少紅黑的果實。一天，一個過路人見了蔦，摘了一個果實吃。

「真甜啊！長得也漂亮！」路人的誇獎讓蔦聽了十分得意。

後來，一個木匠上山砍樹。他看了看被蔦纏繞的那棵大樹說：「這棵樹做房梁正好！」

木匠拿出斧頭，開始砍樹。

「他會連我一起砍斷！」蔦很害怕。它想離開大樹，可是平時纏得太緊了，現在想離開也做不到了。最後大樹倒下了，蔦也跟著斷了。

有人感嘆說：「如果蔦能夠自己生長，就不會遭到刀劈斧砍的橫禍了。」

正像皮薩列夫（Dmitry Pisarev）講的，「用自己的智慧開拓前程，永遠要比透過鞠躬屈膝或者巴結奉承所鋪下的前程，更牢固、更廣闊得多。」一個人唯有自立，方能自強。與其靠別人的施捨，不如靠自己去發憤，只有自己才真正靠得住。成功者很少追隨他人。也不為大多數人的意見所左右，他們自己思考和創造。他們常常自己制訂計畫並付諸實施。

不要害怕溫室外的風雨。依賴他人，追隨他人，按照他人的想法去工作，自然要比自己動腦筋輕鬆得多。但若事事有人替我們想，替我們做，必定有害於我們事業的成功。要使一個人的力量和才能獲得充分發展，就不能依靠他人，而要依靠自己。主要依靠自己努力，才能得到真正的勝利。自立是開啟成功之門的鑰匙。當一個人掙脫束縛自己的心結，面對真正無限的自我時，他的能力會得到無限的發展。

因此求人不如求已，要建立信心，堅定信念，變被動為主動、寄希望於自我才是最可靠、最有利的成功法則。

獨立並非孤立

「求人不如求己」強調的是發揮自我主觀能動性。只是人作為社會人，個人的力量很有限。聰明的人總是「善假於人」，而不是「單槍匹馬闖天下」。一般而言，大凡古今中外的事業有成者，往往都是團結合作的好手；都是能將他人的聰明才智「集合」起來的高手；都是能將合作者的潛能充分調動、發揮的能手。漢高祖劉邦在平定天下、設宴款待群臣時很有感慨地說：「運籌帷幄，決勝千里之外，朕不如張良。治國、愛民，蕭何能有萬全計策，朕不如蕭何。統帥百萬大軍，百戰百勝，是韓信的專長，朕也甘拜下風。但是，朕懂得與這三位天下人杰合作，所以朕能得到

天下。反觀項羽，連唯一的賢臣范增都合作不了，這才是他步入垓下逆境的根本原因。」

在鋼鐵大王卡內基的墓碑上，刻著一首短詩：「這裡安葬著一個人，他最擅長的能力是把那些強過自己的人，組織到他服務的管理機構之中。」洛克斐勒則說：「我願意付出，比天底下得到其他本領更大的代價，來獲取與人相處的本領。」

北宋名臣薛居正說：「缺者，人難改也。」意思是人有些缺陷，光靠自己的努力是很難彌補的。很難彌補怎麼辦，目光朝外看，看是否有人能幫助你。現代社會裡，誰孤立，誰就會失敗；失敗了還要堅持孤立，那這個人就是個徹底的失敗者。在這個現代社會的大舞臺中，個人的力量是渺小的，是微不足道的，而善於尋求他人幫助，則是你不可或缺的重要途徑。

因此，當你的事業陷入了停滯時，你不妨問問自己：問題的關鍵是什麼？我能解決嗎？有誰能幫我解決嗎？要透過什麼方法才能得到別人的幫助？

尋求別人的幫助，與我們前述的「獨立」並不相悖。做人要獨立，但不要孤立。獨立不是孤立。獨立並不是可以標榜自我、與世隔絕；相反，獨立是為了能夠更好地與他人相處。，你一定不會喜歡一個凡事都來向你問計、需求你的精神或物質上的幫助的朋友。同樣，別人也不會喜歡你成為依賴性很強的人。良好的人際關係，是以個人的獨立為先決條件。

明智的做法是既依靠自己，潛心修煉，以便能登堂入室；同時又借力他人，厚德載物，聚眾人之力，謀個人之大發展。「求己」是關鍵，是核心力量。借他人之力是為了協助自己，亦是必不可少的支持力量，因為彼此通力合作、同心同德，才能匯聚個人發展的最大「合力」，實現人生真正的騰飛。

「人」字的結構，就是相互支撐。你在力所能及時幫助別人，別人在你需要幫助時才會伸出手。這一點，讀者不可不明。只有自己在平常要樂於助人，關心他人，才能在需要朋友幫忙時有朋友挺身而出。

有人在漩渦中看到機會，有人在機會中看到漩渦

西元 1838 年 9 月 6 日早晨，在英格蘭與蘇格蘭之間的蘭斯頓燈塔裡，一位年輕的女子被尖銳恐懼的呼叫聲驚醒。外面正狂風大作，暴雨傾盆如注，海浪在怒吼翻滾，淒厲的呼叫聲穿過呼嘯的風聲與咆哮的海浪聲一陣陣地傳來，而她的父母卻什麼也沒有聽見。透過望遠鏡，她看見 9 個弱小的身影，正拚命地抓住一艘失事船隻漂浮的木板，而船頭卻懸掛在半英里外的岩石上。

「我們對此無能為力。」燈塔的看守人威廉姆望著排山倒海的浪濤與一個又一個巨大的漩渦，無可奈何地搖搖頭說。「不，一定會有辦法的，想想辦法吧！我們必須把他們救出來。」女兒含著淚苦苦地懇求父母。父親終於動搖了：「好吧！格琳，我就按你的要求去試一試，但我知道這樣太冒險。」

隨後，一葉小舟如同狂風中飄零的一片羽毛，在洶湧澎湃的大海上顛簸前行，穿過疾風驟雨，鑽過驚濤駭浪，躲開巨大漩渦，駛向失事的船隻。不知道從哪裡來的一股勇氣與力量，格琳與父親一起，奮力地划著槳在暴風雨中穿行。9 個船員最終得救了，他們安全地到達燈塔上。

「願上帝保佑你，親愛的女孩。沒想到你這麼一位單薄瘦弱的女孩，卻在驚濤駭浪中救了這麼多的人。」一位船員難以置信地看著這位女英

雄，不禁脫口稱讚道。她的所作所為讓全英國的人都感到無比光榮，她的英雄氣概讓高貴的君王在她面前也黯然失色了。

茫茫世界風雲變幻，漫漫人生沉浮不定，而未來的風景卻隱在迷霧中。向那裡迸發，有坎坷的山路，也有陰晦的沼澤，深一腳淺一腳，雖然有危險，但這卻是在有限的人生中通往成功與幸福的捷徑。

有人在機會中看到漩渦，有人在漩渦中看到機會。世界上大多數人卻不敢走有漩渦的航道。他們熙來攘往地擁擠在平平安安的大路上，四平八穩地走著，這路雖然平坦安寧，但距離人生最壯麗的風景線卻迂迴遙遠，他們永遠也領略不到奇異的風情和壯美的景緻；他們平平庸庸、清清淡淡地過了一輩子，直到人生的盡頭也沒有享受到真正成功的快樂和幸福的滋味。他們只能在擁擠的人群裡爭食，鬧得薄情寡義也僅僅是為了填飽肚子，穿上褲子，養活孩子。而這，豈不也是一種風險嗎？

而且，這是一種難以逃避的風險，是一種越來越無力改善現狀的風險。

所以，生命運動從本質上說就是一次探險，如果不是主動地迎接風險的挑戰，便是被動地等待風險的降臨。

所以，康德（Kant）說，人的心中有一種追求無限和永恆的傾向。這種傾向在理性中的最直觀表現就是冒險。

機會來時抓住它

宋太宗時，朝廷發生了「潘楊之案」。「潘楊」指的是潘仁美與楊延昭，一個是開國功臣、堂堂國舅；一個是鎮邊大帥、世代忠良。這個案子在當時是一個燙手的「山芋」，誰也不敢去接，生怕一招不慎，輕者革職流放，重者凌遲處死、株連九族。

　　當時的晉陽縣縣令寇準卻發現這是一個升遷的好機會，他認為這個案子如果辦好，有望升遷為南太御史甚至宰相，官運亨通。於是寇準果斷地接下「潘楊之案」，並實事求是地公正決斷，深得上下的信任與賞識，為自己鋪平了升官的道路，直至貴為宰相。

　　「該出手時就出手」是唱紅神州大地的《好漢歌》中的一句歌詞。它是梁山英雄好漢們的氣魄和膽識的真實寫照，令人聽了蕩氣迴腸，熱血沸騰，躍躍欲試……

　　房玄齡作為李世民的心腹參謀，比別的文臣武將更具政治眼光，深謀遠慮。在唐王朝建立後圍繞皇位歸誰的政治鬥爭中，他著力促使李世民下手，發動了「玄武門之變」，取得皇位。

　　當時的情況是：唐高祖李淵的大兒子是李建成，李世民是次子，按照嫡長子繼承皇位的規定，李淵立了李建成為太子，而李世民在長期的作戰中，不僅戰功顯赫，而且手下文武人才濟濟。所以，唐高祖也給他特殊待遇，加號「天策將軍」，位在一切王公之上。李世民的「天策府」可以自署官吏，實際上形成一個獨立王國。這必然引起鬥爭：一方面是李建成對李世民「功高勢大」產生了極大疑慮；一方面是李世民在暗中集結私黨，蓄勢待發。事情終於發展到劍拔弩張的地步。有一天，李世民從太子建成處赴宴回來，食物中毒，「心中陣痛，吐血數升」，這引起李世民及其手下的極大恐慌。

　　形勢到了萬分危急的關頭，房玄齡深知宮闈鬥爭的凶殘，成則為王，敗則滿門抄斬甚至株連九族。他趕緊同長孫無忌勸說李世民立即下手。他對李世民說：「事情已經十分緊迫了，為了保住江山，應決心大義滅親。如果再當斷不斷，便會坐受屠戮。」猶豫不決的李世民終於被說服了。

　　在政變前夕，李世民命令尉遲敬德將房玄齡、杜如晦化裝成道士祕密

送進秦王府，細緻謀劃，然後發動了「玄武門之變」。在這次武裝政變中，李建成、李元吉同時被殺。不久，唐高祖李淵自動退位，讓給李世民，改元貞觀。

時機來到，有的人從漩渦中發現機會，有的人卻從機會中發現漩渦。後者容易在掌握機會上猶豫徘徊，左顧右盼，不能當機立斷，最終遺失良機。

三國時代的袁紹就是其中的一個典型。他是名門望族之後，十八路諸侯討董卓時，被推為盟主。一時間，天下英雄豪杰、仁人志士，紛紛投其麾下。那時，他擁有四州之地、數十萬大軍，帳下謀士如雲、戰將林立，成為當時北方勢力最大的割據者。然而，這樣一個人物，最後竟然敗在曹操的手下。袁紹的敗北，固然有許多原因，但其中主要的一點就是「多謀少決」，錯過了不可復得的戰機。

袁紹第一次發兵討曹失敗，退軍河北。這時曹操乘機征伐劉備，許都兵力空虛。謀士田豐勸說袁紹抓住良機，再次攻打許都。

田豐說：「老虎正在捉鹿，熊可以乘機闖進虎穴吃掉虎子。老虎前進捉不到鹿，退又找不到虎子。現在曹操親率大軍征討劉備，國內空虛。將軍長戟百萬，騎兵千群，徑直攻打許都，搗毀曹操的巢穴，百萬雄師，從天而降，就像舉烈火燒茅草，傾溝水澆火炭，能不成功嗎？兵機的變化非常之快，戰爭的勝利可在戰鼓聲中獲取。曹操得知我們攻下許都，必然丟下劉備，回攻許都。那時，我軍占據城內，劉備在外面攻打，反賊曹操的腦袋肯定懸掛在將軍您的旗杆上了。反之，失去這個機會，不去攻打許都，使曹操得以歸國，休兵不戰，休養百姓，積儲糧食，招攬人才，加上現在大漢的國運衰微，綱紀不存，曹操利用他的勢力，放縱他的貪慾，那必然釀成篡逆的銀謀。到了那時，即使有百萬兵馬攻打他，也無濟於事了。」

可惜的是，袁紹對上一次慘敗仍心有餘悸，居然以兒子有病加以推辭，不許發兵。田豐用拐杖敲著地說：「遇到這樣難得的機會，卻因為嬰兒的緣故失掉了，大勢去矣！痛哉！」

沒有機會怎麼辦

愚者錯過機會，弱者等待機會，智者把握機會，強者創造機會。

漢武帝曾下很大決心，要盡全力抗擊匈奴的侵擾，他要求臣下都要為抗擊匈奴盡力，希望他們挺身而出、殺敵立功。為此，他大力獎賞了作戰有功的衛青、霍去病等人，對臨陣怯逃、失節或戰敗的王恢、狄山、李陵、蘇建等，予以嚴厲的處置。

公元前 119 年，漢武帝決定命衛青、霍去病率 50 萬大軍從山西定襄出發打擊匈奴。為了鼓舞士氣，漢武帝親自到郎署，那裡的數百文官武將一齊跪倒：「願吾皇萬歲、萬萬歲！」

漢武帝看他們個個精神抖擻，說：「你們都願意隨軍出征、冒死殺敵嗎？」「願為陛下效力，肝腦塗地，在所不辭！」數百名文武官員一齊喊道。

漢武帝高興地點點頭，心想部下的士氣多麼高昂啊！可是，就在這時，忽然聽見從角落裡傳來了一聲低弱的、但十分清楚的老者聲音：「小臣年邁體弱，不願出征！」

漢武帝一愣，左右更是大吃一驚，在這樣的氣氛下說不肯上陣，這是要處死罪的啊！

漢武帝問：「你是做什麼的，叫什麼名字？」

那老者白髮蒼蒼，行動蹣跚，走過來向漢武帝叩頭：「小臣顏駟年已 61 歲，江都人氏，從文帝時代就在下署為官了。」

漢武帝遲疑了一下，問道：「卿年逾花甲，為官幾十年，為什麼得不到提拔、升遷呢？」

老顏駟說：「陛下容稟，恕臣直言，小臣歷來想忠貞報國，何嘗不希望建立功名。臣已歷經三代了，但都不逢時。文帝好文而臣好武，景帝好老而臣年輕，陛下您呢，喜歡提拔、重用少壯之人。可是，臣已經老了，所以三世都不得重用，不是我不圖長進，大概是命該如此罷了！」

漢武帝聽了顏駟的陳述頗有感觸，嘆了口氣，同情地說：「光陰如水，轉眼百年，一個人一生能有多少時光，有賢才不知，知而不重用，以至使你大半生為郎，這都是作人主的疏忽啊！」接著，武帝又說：「顏駟白髮皓首，辛勞多年，他不願隨軍出征，恕他無罪。」他又轉臉對顏駟說：「你這樣大年紀，懷志不遇，我命你為會稽都尉，趕快準備赴任吧！」

顏駟年過花甲仍碌碌無為，全因缺少一個施展自己的舞臺。值得慶幸的是，他終於在垂暮之年主動為自己創造了一個建功立業的機會。

其實，有沒有機會，關鍵在於個人的主觀態度。機會不可能無緣無故地從天而降，機會也不可能像路標一樣，就在前面靜靜地等著我們。機會具有隱蔽性，是隱藏著的；機會具有潛在性，等待著開發；機會具有選擇性，只垂青那些在追求中、捕捉中的人。

這裡有一點十分關鍵：是被動、消極地等待機會，還是主動地去爭取機會？等待機會不像等待公車，時間到車就來，而是要看等待機會的狀況如何。是不是碰上了機會，是不是捉住了機會，是不是錯失了機會，是不是再也沒有了機會，這些都是一種現象。而主要的問題就在於我們是否真的在認真地準備、刻意地追求。有許多人看起來好像沒有機會、沒有前途，但是偏偏就有一天發生了轉折，他們便獲得了機會。其實，許多成功者都曾有過這樣一種經歷和體驗。

▎行車最要緊的是懂得剎車

　　在蛛網似的馬路上駕車，驀地想到開車與人生有許多相似之處。開車要遵守交通規則。不能逆行、闖紅燈，否則很容易出交通事故。人生之路也有許多「交通規則」，明的有國家法令和規章制度，暗的有道德規範和操守信念。一招不慎，重則處以重刑，輕則招來指責。

　　對於一個開車的司機來說，剎車可謂一個至關重要的法寶。剎車及時，有準備地提前剎車，可以避免意外事故。實在不行來個急剎車也是必要的，起碼可以避免更大的損失和災難。當然，你若有閒情逸致，停車坐愛楓林晚，也別有一番情趣。若沒有剎車的習慣，信馬由韁，一味地圖痛快，小則碰人撞物，重則車毀人亡。人生不可能總是事事順意，一馬平川，遇到障礙和困難，是常有的事。這時，只能慢行或者剎車停下，切不可莽撞。有時遇到險情，絕不能「明知山有虎，偏向虎山行」，而要迅速剎車，調整心態，避免陷入險境而無法自拔。再則，當我們疲憊之時，放下手中的工作和肩上的擔子，歇息修養，賞閱一下人生的風景，絮叨一下溫馨的親情，品味一下好友的情誼，也是很快慰的事。

　　開車最要緊的是確保安全，在此前提下有效率地到達目的地，順便欣賞沿途的美景。人生之旅也是如此，人的一生最要緊的是不出大事，確保平安。而這份確保，在很多時候是緣於及時的一腳「剎車」。

知止常止，終身不恥

　　多數人更喜歡銳意進取，卻忽略在適當的時候點一下剎車。老子在《道德經》：「知足不辱，知止不殆」。老子認為，人的禍患多源於自身永不知足的貪婪本性。知足是人家給多少，你「雖不滿意，但可以接受」；知止是自己看到了某個程度，你「雖很想要，但還是拒絕了」。知足是不

貪，知止是不隨。弘一法師（李叔同）乃一代高僧，是一個具有大智慧的人。在出家前，他曾為一位朋友寫過一幅字——「知止」。他認為自己的這幅字說出了人世間的「一個大道理」。知止是針對「欲壑」，懂得說「夠了」，世間萬物行止各有時，當行則行，當止則止。「知止」是一種素養、一種境界、一種修養，蘊藏著很大的智慧。

人的貪慾是個無底洞，「得隴望蜀」是普通人的心理常態，能夠「得隴」而拒絕「望蜀」，沒有大胸懷絕對做不到。「天下熙熙，皆為利來；天下攘攘，皆為利往」，人們之所以既不容易「知足」，更難得「知止」，其緣由概因一個「利」字的誘惑。所謂「身後有路忘縮手，眼前無路想回頭」，就是對那些既不「知足」、更不「知止」者耽於窘境的極好描述。這兩句話最為絕妙的地方獨在一個「忘」字上。「忘」什麼？忘了人生的要義，忘了「既得」的後果，忘了「足」的現狀，忘了「止」的理智。人一旦利慾熏心，便會頭腦發昏，忘乎所以，因而做出不知止、不知恥的事，像什麼反目成仇，忘恩負義，落井下石，揮金如土，鼠目寸光，牢騷滿腹，沐猴而冠，寡廉鮮恥，東食西宿，瞞天過海，盡人可夫，愛財如命，投鼠忌器，暗度陳倉，衣冠禽獸，見利忘義，弱肉強食……一個跟頭栽進深淵裡，再也爬不起來，萬劫不復了。莊子說：「鷦鷯棲遲，不過一枝；偃鼠飲河，不過滿腹」，這是再平常不過的道理。

想起兩副著名的對聯，一副是二百多年前，康熙秀才、雍正舉人、乾隆進士鄭板橋手書「室雅何須大，花香不在多」，另一副是國學大師黃永玉的諧聯「房屋三間，站也由我，坐也由我；老婆一個，左看是她，右看是她。」兩副對聯寫得都極傳神，但它們表意的境界卻稍有差異：黃永玉傳達的是一種「知足」的幽默愜意，而鄭板橋表達的卻是一種「知止」的哲思感悟。

「知止」不是難在不知道，而是難在不捨得，不願意。知止，是從心靈出發的：心裡這麼想，付諸行動，才會成為「行為」。知止，不但是針對「欲壑」，懂得說，夠了；也要對「痛苦、煩惱」，懂得說，行了，不能再這樣下去了。

快樂固然短暫，如果不「知止」，痛苦往往隨之而至。那些走上絕路自我了斷的人，其實也是不了解「知止」。知止功夫做到細微處，一唸起來，知止，不被帶著走；一念消失了，知止，不動如山。

勇於開拓，勇於退出

韓國三星電子的創始人李秉喆，在韓戰後的廢墟上打造出一個世界一流企業，堪稱一個奇蹟。三星的成長之路遍布陷阱，之所以沒有深陷在失誤的泥沼裡，完全是因為李秉喆及時退出的勇氣與行動。在回顧他輝煌的一生時，李秉喆說過這樣一句話：「做事應該有上陣的勇氣，也要有及時退出的勇氣。」

李秉喆的經營原則中很重要的一點，就是既勇於開拓，又勇於退出。他曾說過：「如果沒有 100％的把握，那就不要上馬。一旦決定某一種項目，就要全力以赴。如果認為沒有勝算，那就趕快退出來。」

西元 1973 年，三星與日本造船業的巨頭 H 公司合作，在韓國慶尚南道買下 150 萬平方公尺土地準備建造世界最大規模的造船廠。但當時由於石油危機，世界造船業陷入困境，有的客戶甚至放棄訂單，要求取消合約。三星一看苗頭不利，就毅然決定該項目暫停。後來，李秉喆先生回顧說：「如果當時那個造船廠投入資金，對三星的打擊肯定是非常巨大的。做事應該有上陣的勇氣，也要有及時退出的勇氣。」

李秉喆這次撤出雖然令自己「臉上無光」，但卻避免陷入一場不停地

第一章　揚帆在暗礁遍布的人生之河

投資卻沒有多大回報希望的泥潭。李秉喆認為：若不及早撤出，那麼大型造船廠將很可能成為三星公司的「滑鐵盧」，與其坐等因造船而全軍覆沒，不如另闢蹊徑，別處生花。

大多數人都知道在形勢大好時，「春風得意馬蹄疾」，憑著一股熱忱能將事業做得風生水起；而在形勢不好時，卻不知道收縮戰線準備撤退，直至「彈盡援絕」，連東山再起的本錢都沒有了。

做事必須能屈能伸。只能屈不能伸的人是庸才，只能伸不能屈的是驕兵，都不能真正順應時勢，成就一番豐功偉業。

無論做什麼事，在黎明前的黑暗一定要咬緊牙關挺住。但在實際操作之中，有些事經過仔細分析後，斷無「鹹魚翻身」的可能之時，唯有承認現實，選擇撤退。因此，「堅持」與「放棄」並不矛盾。他們是相輔相成，可以互補的。

有人經營一家餐館，大半年了還不見起色。原來在餐館周圍雖然有幾家大公司，但每個公司都為員工提供午餐，為上夜班的員工提供宵夜，難怪這家餐館的生意不好做。經過深入調查，他發現這幾家公司對辦公用品的需求量很大，同時周圍還有兩所中學、一所小學，文具用品市場也大，於是，這家餐館的老闆毅然將餐館改為文具用品商店，雖然這項改變損失了不少，但沒過多久就獲得了可觀的效益。

在股市戰場中，遊戲規則掌握在大戶手中，對於中小散戶股民來說，贏家大都是在「高處不勝寒」時及時抽身的人，都是在熊市來臨之際，及時「忍痛割愛」之人。可見，「善敗」者也是善退者。不善敗的創業者，一般都對「必敗之勢」缺乏判斷能力，即所謂「敗莫大於不知將敗」者；其次是，即使已感覺到失敗的壓力但仍心存僥倖，消極地觀望、等待直至重大損失出現。小企業老闆要在失敗來臨之際冷靜分析，首先要對市場競

爭態勢有靈敏的消息管道並加以判斷，能清楚地了解企業將要受損的領域和時機；其次是善於快速撤退以避免或減少損失，即抓住臨失敗之前的有利時機搶先主動收縮或撤出必敗的領域。日本著名企業家松下幸之助先生對此用過一個十分形象的比喻：「武功高強的人，往回收槍的動作比出槍時還要快。」脫身最早、最快、最徹底的往往也是受損最小的。這些先期脫身的智者，常常會成為下一輪競爭中的贏家。

三十六計有「走為上策」一計，它蘊涵了豐富的屈伸之理。當敵人具有巨大的優勢，而我方沒有把握勝利的時候，只有投降、和談與撤退三條路可走。投降是全面的失敗，和談則是失敗了一半，而撤退並非失敗，且屬轉為勝利的關鍵。

應走不走，反受掣肘；當斷不斷，反受其亂。在事態嚴重，該走不走，貽誤時機的，必會招致更大的麻煩與危險。

當年西楚霸王戰敗，在烏江畔自刎收場，並不是他沒有退路，只因他曾經破釜沉舟，帶領三千江東子弟兵打江山，如今三千子弟兵都無一生還，自感無臉見江東父老，因而以自刎收場。這就是能伸而不能屈的心理缺陷，如能退回江東，或許還有東山再起之時。

第一章　揚帆在暗礁遍布的人生之河

第二章
迎著太陽的方向伸展與生長

席慕蓉在《青春》中這樣回首青春:「命運將它裝得極為拙劣 / 含著淚我一讀再讀 / 卻不得不承認 / 青春是一本太倉促的書」。過去的青春拙劣也好、倉促也罷,都過去了。將眼光展望未來吧!我們隨時可以上路。

愚人因常把成功看得太容易而導致失敗,智者因常把成功看得太困難而一事無成。強者知道成功絕非易事,既需要事前的精心謀劃,亦需要在路上的勇氣,熱情與智慧。最終,他們成了舉起香檳慶賀成功的人。

成功來之不易,越輝煌的成功越是難度大,你必須利用你全部的才學與能力,調動你所有的潛能,才能更快更好地達到成功的彼岸。

如果人是正確的,世界就是正確的

一位牧師正在考慮明天如何布道,一時找不到好的題目,很著急。他6歲的兒子總是隔一下子就來敲一次門,要這要那,弄得他心煩意亂。

情急之下,牧師把一本雜誌夾頁的世界地圖撕碎,遞給兒子說:「來,我們做個有趣的拼圖遊戲。你回房間裡去,把這張世界地圖還原,我就給你零錢去買糖吃。」

兒子出去後,牧師把門關上,得意地自言自語:「哈,這下可以清靜了。」

話音剛落,兒子又來敲門,並大聲地告訴牧師自己已經拼好地圖。牧師不相信,跑到兒子房間一看,果然那張撕碎的地圖完完整整地擺在地板上。

「怎麼這麼快?」牧師不解地問兒子。

「是這樣,」兒子說,「世界地圖的背面有個人頭像,人對了,世界自然就對了。」

　　牧師愛撫著兒子的頭若有所悟地說：「說得真好啊！人對了，世界就對了——這就是明天布道的題目！」

　　當你感到整個世界都在辜負你的時候，當你感到不快樂的時候，當你感到世界都錯了的時候，你不妨先問一問自己是否是對的。如果整個世界都在辜負你，那麼錯的肯定是你，而不是這個世界。你要想改變這個局面，唯一的辦法是改變自己。當你以一種正確的態度去對待這個世界時，世界也會以一種正確的態度對待你。

　　每個人，不管是天賦異秉還是資質平平，不管是出身高貴還是出身貧賤，都應該學會改造自己。「大多數人想改造這個世界，卻極少有人想改造自己。」偉大睿智的列夫‧托爾斯泰（Leo Tolstoy）如是說。

　　你想擁有怎樣的世界？你想做怎樣的人？—— 一切主動權都在你的手裡。

失勢每因缺德起

　　當一個人處於眾叛親離、事事不順的境地時，十有八九是自己在德行上出了大問題。北宋名臣薛居正曾云：「德有失而後勢無存也。」意思是德行一旦缺失，良好的局勢就不會存在。為什麼呢？因為「得道者多助，失道者寡助」。

　　一個人的德行，其實就是他對待這個世界的態度。他用正確的態度（高尚的德行）去對待這個世界，那麼世界也將會以一種正確的態度回報他。反之，你若坑蒙拐騙這個世界，這個世界也不會給你好果子吃。缺德與失勢存在因果關係和內在連繫。失勢者往往看不到「德」的力量和作用，他們有勢時不講操守，不養其德，失勢時怨天尤人，不深刻反省自己，這真是很可悲的。重勢不重德，是小人的行為；重德不重勢，是君子

的行為。德在勢先，勢在德後，如果本末倒置，定會慘敗收場。

有這麼一個故事。

一個商人對一個男孩說：「你想找工作嗎？」

「是的！」男孩回答。

「但是你必須向我證明你有良好的品德！」

「當然可以！」男孩回答：「我馬上就去找曾經僱用過我的老闆。」

「你去把他找來吧！我需要和他好好談談你的事情。」

但是男孩去了之後，再也沒有露面。幾天後，商人又遇見了那個男孩，就問男孩怎麼沒有來找自己。

男孩回答說：「因為我以前的老闆跟我談了您的品德。」

人之所以成為人，與動物的很大區別就在於自己的社會性。社會性越強，對人的品德要求就越高。每個人都需要具有良好的品德，因為社會對我們提出了這樣的要求，沒有品德的社會是不可想像的社會。品德實際上在某種程度上就是一種無形的約束，有時甚至比法律的約束還有意義。

商人出於自己經商的目的，自然要對自己的僱員提出品德上的要求，可是在別人提出品德要求的時候卻往往忽略了對自己的要求。難怪前面故事中的男孩說：「我聽以前的老闆說起了你的品德。」他沒有繼續說下去，但是我們可以感覺到他的潛臺詞是：這個商人的品德不好！最後的結局肯定是男孩不會去為商人工作。

品德是一個人立世的根基。這個根基深厚而扎實的人，就能在社會上站得更穩、走得更長久。一個品德敗壞的人，即使權勢強盛，也如同秋後的蚱蜢，蹦不了多久。面臨失勢，人首先應該反省的是：是否是因為自己的品德出了問題而導致的惡果？如果原因出在品德上，要想挽回局勢，決非一日之功。你唯有洗心革面，痛改前非，方有東山再起之機會。但面臨

失勢，幾乎沒有人會懷疑自己的品德有什麼問題，就像我們前面提到的那個商人一樣，他喜歡用品德的標尺去度量別人，卻不願度量自己。然而，社會對他們品德的認同程度卻並不像他們想像的那樣白璧無瑕和無可挑剔，這是為什麼呢？答案可能有兩個：一是他們對自己品德的要求也許並不高，距離人們普遍認同的道德標準可能還差得較遠；二是他們可能缺乏個人品德的塑造和表現技巧。只有讓自己優秀的品德內化為一種原本的動力，然後再透過自己的言行充分表現出來，這樣的品德才會產生積極的社會意義，才會為自己的形象加分升值，增光添彩。

美國加州的「克帕爾飲料開發有限公司」需要招募員工，有一個叫莫布里的年輕人到這個公司去面試，他在一間無人的會議室裡忐忑不安地等待著。過了一下，有一個相貌平平、衣著樸素的老者進來了。莫布里站了起來。那位老者盯著莫布里看了半天，眼睛一眨也不眨。正在莫布里不知所措的時候，這時老人一把抓住莫布里的手：「我終於找到你了，太感謝你了！上次要不是你，我女兒可能早就沒命了。」

「怎麼回事？」莫布里摸不著頭緒。

「上次，在中央公園裡，就是你，把我失足落水的女兒從湖裡救上來的！」

老人肯定地說道。莫布里明白了事情的原委，原來他把莫布里錯當成他女兒的救命恩人了：「先生，您肯定認錯人了！不是我救了您的女兒！」

「是你，就是你，不會錯的！」老人又一次肯定地回答。

莫布里面對這個感激不已的老人只能做些無謂的解釋：「先生，真的不是我！您說的那個公園我至今還沒有去過呢！」

聽了這句話，老人鬆開手，失望地望著莫布里：「難道我認錯人了？」

莫布里深情地安慰老先生說：「先生，別著急，慢慢找，一定可以找到救您女兒的救命恩人的！」

　　後來，莫布里在這個公司裡上班了。有一天，他又遇見了那個老人。莫布里親切地與他打招呼，並詢問他：「您女兒的恩人找到了嗎？」「沒有，我一直沒有找到他！」老人默默地走開了。

　　莫布里心裡很沉重，對旁邊的一位司機說起了這件事。不料那司機哈哈大笑：「他可憐嗎？他是我們公司的總裁，女兒落水的故事他講了好多遍了，事實上他根本沒有女兒！」

　　「噢？」莫布里大惑不解，那位司機接著說：「我們總裁就是透過這件事來選用人才。他說過有德之人才是可塑之才！」

　　莫布里被錄用後，兢兢業業，不久就脫穎而出，成為公司市場開發部經理，一年就為公司贏得了數千萬美元的利潤。當總裁退休的時候，莫布里繼承了總裁的位置，成為美國的財富巨人，家喻戶曉。後來，他談到自己的成功經驗時說：「一個一輩子做有德之人的人，絕對會贏得別人永久的信任！」

　　透過這個故事，我們一方面可以看到這位總裁對人才的德行方面有著高度的重視；另一方面，我們也可以看到莫布里是一位絕對信守「德」的人才。對那些另有圖謀的人來說，本來完全可以利用這位總裁的「糊裡糊塗」，給自己貼上「救人英雄」的標籤以增加被錄用的機率。但莫布里卻不這樣做，他以德為做人之本，為自己打開人生局面奠定了最穩固的基石，所以他是透過誠信的做人之道換來了成功之本。

　　在實際生活中，我們每個人都應該像莫布里一樣，把「德」字刻在心頭，做一個令人放心的人，在一個相互信任的環境中工作，才能敲開成功之門。但就是有些人對此不以為然，總是為利益所驅，常常是見好事就

貼上去，見壞事就躲開，把做人之本拋到九霄雲外，像老鼠一樣，令人生厭。這樣的人可以成功一時，但絕不可能永遠延續成功的腳步。所以我們一定要記住莫布里的那句話，並把它刻在心頭，守住以「德」為準的做人之本，這樣你遲早有一天會成為另外一個莫布里。

多從自身找原因

在這個世界的每一個角落，似乎都充滿了抱怨和憤怒。

為什麼大家都不理解我？

為什麼好心沒有好報？

為什麼別人對我不友好？

為什麼我的機會那麼少？

為什麼一分耕耘換不回一分收穫？

為什麼，為什麼……問了太多的為什麼，卻很少有人找到真正的答案！

於是，怨天尤人、悲觀宿命之類的行為與思想甚上塵囂：不是我做得不好，而是人心太險惡；不是我付出太少，而是我命中注定劫難難逃。

可以說「埋怨別人」已成為現代人的弊病，「都是你的錯」也成了人們掩飾自己錯誤的習慣性藉口。當我們遇到困難時，我們首先想到的是埋怨別人，而不是從自己身上找原因。彷彿所有的錯誤都與自己毫不相干。

平庸的人總是喜歡找外在的種種理由，卻不願意審視自己的問題；他們只看得見別人臉上的灰塵，卻看不見自己鼻子上的汙點。但強者們卻總是在調整自己、提高自己，努力地將自己打造成一個與外界和諧的人。他們更加注重自我反省與提高，深知只要自己對了，世界就對了。「現代戲劇之父」亨里克・易卜生（Henrik Ibsen）曾經告誡他人：「你最大責任就

是把你這塊材料鑄造成器。」說的其實也就是這個道理。言辭犀利如手術刀的魯迅先生曾說：「我的確時時解剖別人，然而更多時候是更無情地解剖我自己。」

　　或許，只有當「都是我的錯」成為我們經常掛在嘴邊的話時，當我們學會反求諸己時，我們才會發現自己變得更加謙卑與平和。同時，外界的很多事情便很難讓我們衝動得失去理智。可以說，反求諸己是一種智慧，也是我們每個人應該具備的美德。我相信，倘若每個人都學會了反求諸己，人與人之間的硝煙會少一些，愛心會多一些。

　　不平之事之所以纏上了自己，大部分的根源在於自己。比如說做生意受騙，根源在於自己的輕信；比如考研失利，根源在於自己學業不夠精進……治病要找到病源方能對症下藥，突破困局也需要透過自省找到導致困局的根源，方能找到突破的途徑。

　　自省也就是指自我反省，透過自我反省，人可以了解、理解自己的思想、意識、情緒與態度。一個人如果不懂自省，他就看不見自己的問題，更不會有自救的願望。

　　沒有不犯錯的人，不犯過去曾犯過的錯誤的人也不多見。暫且不論是不是重複過去曾犯過的錯誤，就是這種經常反省的精神也是十分可貴。

　　宋朝文學家蘇軾寫過一篇〈河豚魚說〉，說的是河裡的一條豚魚，游到一座橋下，撞到橋柱上。牠不責怪自己不小心，也不打算繞過橋柱游過去，反而生起氣來，惱怒橋柱撞了牠。牠氣得張開兩鰓，脹起肚子，漂浮在水面，很長時間一動也不動。後來，一隻老鷹發現了牠，一把抓起牠，轉眼間，這條河豚就成了老鷹嘴裡的美食。

　　這條河豚自己不小心撞上橋柱，卻不知道反省自己，不去改正自己的錯誤，反而遷怒別人，一錯再錯，結果丟自己的性命，實在是自尋死路。

那麼，人應該從什麼地方反省自己呢？

孔子的弟子曾子關於自省有一段著名的論述：「吾一日而三省吾身，為人謀而不忠乎？與朋友交而不信乎？傳不習乎？」曾子告訴我們，每天要三省，從三個方面去檢查自己的思想和言行：

· 反省謀事情況，即對自己所承擔的工作是否忠於職守。
· 反省自己與朋友交往是否信守諾言。
· 反省自己是否知行一致，即是否把學到的知識身體力行。

總之，要從思想意識、情感態度、言論行動等各個方面自省來深刻的認識自己、剖析自己。

自省可以改變一個人的命運和機緣，它在任何人身上都會發生效用：因為自省所帶來的不只是智慧，更是日以繼夜的精進態度和前所未有的熱忱。

有了自省，才能自己解剖自己，把身上的灰塵抖落在地，還一個乾淨、清潔的自我。

有了自省，就有了人生的柵欄。既不會被迷霧誘惑，也不會被香風熏倒。

有了自省，才能去偽存真，化塹為路，並不斷使自己思想昇華，情操淨化。

有了自省，我們才會自醒，繼而自立與自強！

朋友們，學會自省吧！它是你人生旅途中的一盞指路明燈！

▎我們可以很忙，但要忙得有價值

　　都市的快節奏，讓置身其中的人忙得如陀螺般旋轉。隨便找個朋友，問他最近怎麼樣，其回答十有八九是一個字：「忙！」

　　似乎「忙」已經成了都市人的常態。都市米貴，居住不易。暫時坐穩了房奴與還未做成房奴的人，整天疲於奔命。告別了房奴生涯的人，或許又是車奴、卡奴。縱然已經步入小康的人家，也絲毫不能有所怠懈，為了支付各種費用，很多人搞得自己就像那些踩著小鐵籠子不停轉圈的小老鼠一樣，無論踩得多快，多費力氣，到了第二天早上醒來，發現自己依然困在籠子裡。在忙忙碌碌中，生活被塞滿了本不屬於自己的東西，卻不得不為其奔波。

　　我們可以很忙，但一定要忙得有價值。渾渾噩噩如沒頭蒼蠅似的忙，除了證明活著外沒有什麼實際意義。我們最好能夠知道，自己每天是為什麼而忙碌。

　　一個沒有目標的人，就像漂浮在海上一隻無舵之船隨波逐流，船不是觸礁，就是擱淺，或者被捲入漩渦原地打轉。渾渾噩噩地生活，是許多人陷入人生困局的原因之一 —— 因為，假如你不知道你的方向，那麼哪一種風對於你來說都可能是逆風。

　　在我們的生活中，路標處處可見。每一個路口，每一個街道拐角，路標都在提示著我們，我們到達了哪裡，離我們的家、公司、學校還有多遠。我們的生活中沒有目標，就不可能使生活發生任何實質性的改變，也不可能採取任何步驟。如果一個人沒有目標，就只能在人生的旅途上徘徊，永遠到達不了目的地。

人不能沒有目標活著

正如空氣對於生命一樣，目標對於成功也是絕對必要的。如果沒有空氣，就沒有人能夠生存；如果沒有目標，也沒有任何人能夠成功。

維克多‧弗蘭克（Viktor Frankl）用事實最貼切地說明了「人不能沒有目標地活著」的道理。

第二次世界大戰期間，在越南行醫的精神醫科專家弗蘭克不幸被俘，後來被帶到了納粹集中營。三年中經歷的極其可怕的集中營生活使他悟出了一個道理——人是為尋求意義而活著。在集中營裡他與他的同伴們被剝奪了一切——家庭、職業、財產、衣服、健康甚至人格。但弗蘭克卻不斷地觀察著喪失了一切的人們，同時思索著「人活著的目的」這個老生常談的最透澈的意義。在此期間他曾幾次險遭毒氣和其他殘害，然而他仍然不懈地客觀地觀察著、研究著集中營的看守者與囚徒雙方的行為。最終他完成《夜與霧》（*Night and Fog*）一書。

在此書中，弗蘭克用極其真實、有力、生動的論據和論點簡述了人活著的目的。此書對於世界上所有研究人類行為的學者來說，都是極有價值的。弗蘭克的理論是在長期的客觀觀察中產生的，他觀察的對象是那些時時刻刻都可能面臨死亡，即所謂失去生命的人們。在親身體驗的囚徒生活中，他還發覺了西格蒙德‧佛洛伊德（Sigmund Freud）的錯誤，並且反駁了他。

佛洛伊德說：「人只有在健康的時候，態度和行為才能有所差別。而當人們爭奪食物的時候，他們就露出了動物的本能，所以行為變得幾乎無以區別。」而弗蘭克卻說：「在集中營中我所見到的人，卻完全與之相反。雖然所有的囚徒被拋入完全相同的環境中，有的人消沉頹廢下去，有的人

卻如同聖人一般越站越高。」他還從實際中悟到，「當一個人確信自己存在的價值時，什麼樣的飢餓和拷打都能忍受。」而那些沒有目的活著的人，都早已毫無抵抗地死掉了。

在那瀰漫死亡氣息的集中營裡，弗蘭克的一位好友曾對他說：「我對人生沒有什麼期待了。」弗蘭克否定了這位朋友的悲觀人生態度，鼓勵他說：「不是你向人生期待什麼，是生命期待著你！什麼是生命？它對每個人來說，是一種追求，是對自己生命的貢獻。當然，怎樣做才能有貢獻？自己的追求是什麼？每個人都不一樣。而怎麼回答這些問題是我們每個人自己的事情。」

有生命的地方就有希望。

有希望的地方就有夢想。

「有了清楚的夢想，加上反覆地充實與描畫，夢想就能變成目標。」目標經過細緻認真的研究，對勝者來說，就可看成行動的計畫。勝者認為，當目標完全融於自己的人生時，目標的達成就只剩下時間問題了。

告訴你如何制定目標

平平安安地過日子是大部分人生活的目標。對此，只需付出每天過日子的必要精力就足夠了。這種沒目標的生活，不過是看看電視虛度生命。每晚時間在虛幻的悲喜劇、推理偵探故事、離奇怪誕影片等電視世界中消耗。夜幕一降，他們就習慣地坐到電視機旁，興趣盎然地望著一個個畫面。殊不知電視明星們正是瞄準了這些人而實現了自己的人生目標。

你有目標嗎？如果沒有，請靜下心來，根據自己的興趣、特長以及客觀情況，為自己量身定做一個吧！在設定目標時，你需要注意以下幾點事項：

首先，目標有高有低，專業面有寬有窄。在目標選擇中是寬一點好，

還是窄一點好呢？一般來說，專業面越窄，所需的力量就相對較少。也就是說，用相同的力量對不多的工作對象，專業面越窄的，其作用越大，其成功的機率越高。所以，職業生涯目標的專業面不要過寬，最好是選一個窄一點的題目，把全部身心力量投放進去，比較容易取得成功。

如果專業面需要放寬，起碼在開始的時候，要把專業面或主攻點定得較窄些。待突破了一點，取得了經驗，積累了知識，再擴大專業面，這樣容易成功。

其次，長短配合要恰當。生涯目標是長期的好，還是短期的好？簡單地說，應該是長短結合。長期目標為人生指明了方向，可鼓舞鬥志，防止短期行為。短期目標是實現長期目標的保證，沒有短期目標，也就不會有長期目標。特別是在職業生涯發展過程中，透過短期目標的達成，能體驗達到目標的成就感和樂趣，鼓舞自己為了取得更大的成就，而向更高的目標前進。

再次，就事業目標而論，同一時期目標不宜多。而應集中為一個。目標是追求的對象，你見過同時追逐五隻兔子的獵人嗎？別說五隻，就是兩隻也追不過來，因為那幾乎是不可能的事。有的人才高氣盛，自認為高人一等，同時設下多個目標，結果可能連一隻兔子也獵不到，半個目標也實現不了。人生目標的追求，也好比人坐椅子一樣，一個人同時想坐多個椅子，一下子坐坐這個，一下子坐坐那個，換來換去，一不小心，就會從椅子中間掉下去，結果哪個椅子也沒坐穩，也就是一個目標也沒實現。由此可見，要實現人生目標，成就一番事業，須把目標集中到一個焦點上。

當然，這不是說你不能設立多個目標，而是你可以把它們分開設置。具體說，就是一個時期一個目標，拉開時間距離，實現一個目標後，再實現另一個目標。

第四，目標要明確具體。目標就像射擊的靶子一樣，清清楚楚地擺在那裡。做什麼，做到什麼程度，要有明確具體的要求。比如，從事某一專業，學習哪些知識，達到什麼程度，都要明確、具體地確定下來。

如果目標含糊不清，就達不到目標的作用。如有人打算決心成就一番事業，不知道具體想做什麼，這就等於沒有目標。自以為有目標，而沒有明確的目標，不僅達不到目標的作用，還可能造成假象。投入了時間、精力和資金，卻起不到實現目標的作用，10 年過去了，還是一事無成。

第五，生涯目標要留有餘地。要留有餘地，就是要留有彈性的時間，即便發生某些意外，也有時間和精力機動處理。實現目標的時間安排要符合實際情況，不慌不忙，不急不徐。在工作的安排上不要刻板，要靈活機動。在要求不變的情況下，完成時間和做法可以調整變換。

▎比山高的是人，比路長的是腳

早在 200 多年前，法國軍隊的統帥拿破崙‧波拿巴（Napoléon Bonaparte）就用他的行動，譜寫一曲「沒有比腳更長的路，沒有比人更高的山」的壯麗詩篇。當時法國幾乎對所有的鄰國作戰，拿破崙非常迫切地想把軍隊開進義大利。但是在法國和義大利之間，有一座高山，叫阿爾卑斯山，山頂上覆蓋著積雪。

「能越過阿爾卑斯山嗎？」拿破崙問。

被派去查看山道的人都搖搖頭。其中一個說：「也許可能，但是 ── 」

「別讓我再聽到這些，向義大利前進！」拿破崙說

人們覺得這種想法非常可笑。一支六萬人的軍隊想翻越沒有道路的阿爾卑斯山？但是拿破崙只等看到一切都準備就緒，就下令出發。

大隊人馬和大砲綿延 20 英里。當他們來到一處看起來無路可走的陡峭的山地時，吹起了衝鋒號。「衝啊！」這時每個人都盡了最大的努力，整個軍隊繼續順利前進。

不久他們就平安地翻過了阿爾卑斯山。四天後，他們就在義大利的平原上行軍了。

據說，身高 160 公分的矮子拿破崙站在阿爾卑斯山山巔，說了一句非常具有哲理的話：「我比阿爾卑斯山還要高！」接著，他又這樣對手下說：「下定決心要取得勝利的人，永遠不會說『不可能』。」

把焦點放在如何去做到

威廉‧波音（William E. Boeing）曾經是一個經銷木材和家具的商人。在他觀看了一場飛機特技表演後，迷上了飛機。於是，他決定前往洛杉磯學習飛行技術。但是，他買不起飛機，他的年齡也限制了他成為飛行員的可能，學會駕機技術有什麼用呢？看來，要滿足駕機遨遊長空的願望，只能自己製造飛機。波音冒出了如此大膽的想法。

透過各方面的學習，波音逐步地了解了飛機的結構和性能。有了一定的準備之後，他開始找人合作，共同製造飛機。

那時候，他們不但沒有工廠，甚至連一個受過專業訓練的製造工人也找不到。波音只好動員他木材公司的木匠、家具師和僅有的 3 名鉗工組裝 —— 這簡直形同兒戲，飛機能在這樣的情況下製造出來？

但不可思議的是他們真的將飛機製造出來了。這是一架水上飛機，波音親自駕著它試飛，並且取得了成功。波音的信心高漲，他索性將木材公司改成飛機製造公司，專心研製飛機。

威廉‧波音雖然曾是著名高校耶魯大學的學生，但他未畢業就離校

了。這個中途輟學從事木材生意的人，居然試圖和一些木匠造飛機，真是膽大妄為！然而，正是這個膽大妄為的傢伙，成就了波音公司的輝煌巨業。現在，全世界每天都有數千架波音公司生產的飛機在藍天上翱翔。

只有想不到，沒有做不到。威廉‧波音的故事告訴我們：我們可以做到任何事，只要把焦點放在「如何去做」，而不是想著「這是辦不到的。」

在美國，一次颶風襲擊之後，一個叫做巴爾的小鎮有 12 人死亡、上百萬元的財產損失。普克特和無線電臺的副總裁鮑伯想利用在安大略至魁北克一帶的電臺幫助小鎮上的災民。鮑伯召集了無線電臺所有的行政人員到他的辦公室開會。他在黑板上寫下 3 個並列的「3」，然後他說：「你們想用 3 個小時，在 3 天中籌到 300 萬去幫助巴爾的災民嗎？」會場一陣靜默。終於有人開口：「譚普爾頓，你太瘋狂了，你知道這是絕對不可能做到的。」

鮑伯回答：「等等，我不是問你們……我們『能不能』或是我們『應不應該』。我只問你們……『願不願意』。」大家都異口同聲說：「我們當然願意。」於是鮑伯在「3、3、3」下面畫了兩條路。一邊寫著「為什麼做不到」，另一邊寫著「如何能做到」。鮑伯在「為什麼做不到」的那邊畫個大叉並說道：「我們沒有時間去想為什麼做不到，因為那樣毫無意義。重要的是，我們應該集思廣益，把一些可行的想法寫下來，促使我們能達到目標。現在開始，直到想出辦法才能離開。」又是一陣靜默。過了好久，才有人開口：「我們製作一個廣播特別節目在全加拿大播放。」鮑伯說：「這是個好想法。」並且隨手寫下。很快就有人提出異議：「這節目恐怕沒辦法在全加拿大播放，我們沒那麼多電臺。」這的確是個問題，因為他們只擁有安大略到魁北克的電臺。鮑伯反問：「就是沒那麼多電臺才可能，維持原議。」這真是很困難，因為各個電臺業務都相互競爭，照常理而言，是很難結合各個電臺一起合作的。忽然有人提議：「我

們可以請廣播界赫赫有名的哈維‧克爾以及勞埃‧羅伯森來承包這個節目啊！」……很快就有許多令人驚訝的妙點子陸續出現。討論後，他們爭取到 50 個電臺同意播放這個節目。沒有人搶功，只想著能不能為災民多籌些錢。結果，在三天內短短三個小時的節目裡，募捐到了 300 萬。

超乎常人的恆心與毅力

成功的人有些什麼共同的條件？恆心！大多數成功者只有平常的智慧和能力，可是他們在完成一項工作時，在遭受重大困難時，在工作極其繁重時，卻有超乎常人的耐心和毅力。

任何人在向理想目標挺進的過程中，都難免會遇到各種阻力和重重困難，在這種情況下持之以恆的精神則是最難能可貴的。

所謂「持之以恆」，是做自己命運主宰時，不朝秦暮楚，不被眼前的困難嚇倒，不半途而廢，不淺嚐輒止，不功虧一簣。持之以恆是一種毅力，一種精神。

世界上沒有任何東西能夠代替恆心。才能不能，有才能的失敗者多如過江之鯽；天才不能，「天才無報償」已成為一句俗話；教育不能，被遺棄的教養之士到處充斥著。唯有恆心才能征服一切。

在我們剛上學的時候，教師就告訴我們：堅持就是勝利。並且用很多的例子教誨我們。其中一個最顯著的例子就是一個挖井人，他一連挖了幾口井，都不能堅持到最後，挖到一半便放棄了，他說：這口井沒有水。其實水就在下面，挖井人只是沒有持之以恆的決心罷了。

生命猶如一場馬拉松競賽，最大的敵人不是別人，而是你自己，在你向事業邁進的旅程中，唯有靠堅定不移的恆心，持續不斷的毅力，才能成為一個真正的成功者。

如果通往成功的電梯出了故障，請你走樓梯，一步一步上。只要還有樓梯，或是任何梯子，通往你想去的地方，電梯有沒有故障都是無關緊要的事了，重要的是你不斷地一步一步往上爬。

假使你在途中遇上了麻煩或阻礙，你應該去面對它、解決它，然後再繼續前進，這樣問題才不會越積越多。同時當你解決了一個問題，其他問題有時也自動消失了。時間能消除許多問題，你只有堅持到底，一個一個來，不要操之過急，只要不放棄。很快地，你就會發現自己有了很大的轉變，熱忱增強了，自信心也提高了，你會感到一種前所未有的快活。

你在前進的時候，一步步向上爬時，千萬別對自己說「不」，因為「不」也許導致你決心的動搖，放棄你的目標，從而返下樓梯，前功盡棄。

宋朝詩人楊萬里有詩曰：「莫言下嶺便無難，賺得行人錯喜歡。正入萬山圈子裡，一山放出一山攔。」人在奮鬥的過程中，由於條件有限，必然困難重重，也會有種種干擾。這些困難、干擾就像一座座山橫亙在我們前進的道路上。是望山止步，還是翻山而行？西元 1800 年代法國作家古斯塔夫‧福樓拜（Gustave Flaubert）說得好：「頑強的毅力可以征服世界上任何一座高峰。」

如果人生是一場賭博，我選擇最擅長的賭博方式

一個人長大以後，要做出人生中最為重要的一個選擇。這個選擇將影響自己的一生，包括幸福、收入與健康。這個選擇就是：三百六十行，我將選擇哪一行？

我們常常說「寶貝放錯了地方就是垃圾」，或者說「垃圾是放錯了地

方的寶貝」。舟舟智商很低，他的音樂才能是他的父親無意發覺之後有意開發的。而作為智商正常的我們，毫無疑問都有自己出色的方面。如果你不知道，只是你並沒有察覺到而已。

洛克斐勒（John Davison Rockefeller）說過：如果人生是一場賭博，我一定要選擇自己擅長的賭博方式。很多成功人士的成功，首先得益於他們充分了解自己的長處，根據自己的特長來定位。

選擇決定你的一生

向左走？向右走？⋯⋯人生的「地圖」上，處處是十字路口。你每一個選擇都是在為自己種下一顆命運的種子。一步走對了，又一步走對了，無數大大小小的選擇走對了，你才能夠品嚐到成功的甘甜果實。

人的一生，只有一件事不能由自己選擇——自己的出身。其他的一切，皆是由自己選擇而來。

人生不過是一連串選擇的過程，從你早上起來要穿哪一套衣服出門開始，你在選擇；中午要去哪裡吃飯，你又在選擇；女孩子有眾多的追求者，在考慮結婚的對象，到底是哪一位男士比較適合自己？要選擇；男生找工作時要從多家大企業中選擇。以上我所說的選擇有大有小，但每日、每月所有的選擇累積起來影響了你人生的結果。

一個選擇對了，又一個選擇對了，不斷地做出正確的選擇，到最後便產生成功的結果。一個選擇錯了，又一個選擇錯了，不斷地做出錯誤的選擇，到最後便產生失敗的結果。若想有一個成功的人生，我們必須降低錯誤選擇的機率，減少做錯誤選擇的風險。這就必須預先明確你人生中想要的結果是什麼？明確你人生想要的結果是什麼——這本身又是一個選擇。

什麼樣的選擇決定什麼樣的生活。今天的生活是由三年前我們的選擇

決定的，而今天我們的選擇將決定我們三年後的生活。我們要選擇接觸最新的訊息，了解最新的趨勢，從而更好地創造自己的未來。要知道，我們的人生只有三天，昨天、今天、明天。你的今天是你的昨天決定的，你的明天將由你的今天來決定。

在美國歷史上享有極高聲譽的林肯總統，非常重視人生中的選擇。他曾說：所謂聰明的人，就在於他懂得如何去選擇。林肯本人就是一個懂得如何選擇的人，在南北戰爭一度處於劣勢的時候，他仍堅定地選擇了「為爭取自由和廢除奴隸制而鬥爭」的道路，終於成就了一番豐功偉業。

得益於選擇了正確的道路而取得輝煌成就的人還有很多，如司馬遷、魯迅、比爾蓋茲（Bill Gates）。我們可以設想一下，假如司馬遷在死刑和官刑之間沒有選擇令男人最為恥辱的官刑並含羞忍辱地活著，假如魯迅捨不得放棄醫學，假如比爾蓋茲選擇了拿哈佛的鍍金文憑……那些彪炳千秋的輝煌還會由他們來譜寫嗎？

種瓜得瓜，種豆得豆；人生成敗，源於選擇。選擇是如此重要，做出正確的選擇又是如此困難：變數太大、誘惑太多、困難太強……然而正是因為做正確選擇之難，才會有成功與失敗的分野。偉大與平庸之間，常常只差一點點：選擇。只有那些迎難而上的勇士與智者，才會從庸人當中脫穎而出。正如偉大佛陀所言：一部分人站在河那邊，大部分人站在河這邊跑上又跑下。那些在河這邊跑上又跑下的人，像動物般被環境制約而不自知，這就彷彿一個人被關在某處，口袋裡雖有鑰匙，卻不會用鑰匙開門，因為他們不知道口袋裡有鑰匙。其實，上天在賦予人類和動物一樣的生命和適應環境以求生存的本能之外，還多給了人類一把萬能鑰匙：運用智慧來選擇行動的自由。人為「萬物之靈」，「靈」就「靈」在人有別於其他生命——人具有自由選擇的莫大潛能。

經營自己的長處

　　一個人在選擇自己的人生道路時，要考慮到自己的特長。聰明的人，總會去做自己擅長的事情。因為如果做我們不擅長的事情，就算我們再努力，頂多也就是不會被別人落下太遠，但要想出人頭地是很難的。而做我們擅長的事，則可能讓我們成為那個領域的菁英。

　　每個人都有自己特有的天賦與專長，每個人都可以稱為天才，但只有少數人發現自己的天賦，並把它充分發揮出來，他們獲得了成功，成為真正的天才。而大多數人直到垂垂暮年也沒有發現自己真正適合做些什麼。不難想像，每天有多少天才帶著他們尚未演奏的人生樂章進入了墳墓！

　　「認識你自己。」這是在希臘聖城德爾菲神殿上鐫刻的一句著名箴言。認識自己的難度遠遠超過認識世界。要想做成一番事業，我們就必須對自己有一個正確的認識，這是最起碼的要求。發現自己的長處，對於我們選擇什麼樣的道路具有重要的意義。這避免我們盲目地進入一個自己並不適合的領域，或者在一個並不具備任何優勢的領域上浪費太多的時間。

　　金無足赤，人無完人。誰也無法在所有方面都超過別人。事實上，只要我們能夠在某一個方面、甚至僅僅是某一個點上超過別人，就已經很了不起了。因此，我們需要做的並不是不斷地彌補自己的短處，而是去悉心經營自己的長處。在自己最擅長的領域，找到一個最佳的位置，充分發揮自己所長，堅持不懈做下去，我們就一定能夠有所突破、有所成就！

▌不管事情怎麼樣，總要保持本色

　　愛默生（Ralph Waldo Emerson）在某本著作中這麼說：「在每一個人的教育過程中，他一定會在某時期發現，羨慕就是無知，模仿就是自殺。

不論好壞，他必須保持本色。」

　　瑪利亞太太從小就特別敏感而又醜陋。她的身材一直很胖，而她的圓臉使她看起來更胖。瑪利亞有一個很古板的母親，總是將瑪利亞打扮得俗氣而又落伍。這更加重了瑪利亞的自卑感。

　　長大之後，瑪利亞嫁給一個比她大好幾歲的男人。她丈夫一家人都很好，也充滿了自信。瑪利亞盡最大的努力要像他們一樣，可是她做不到。他們為了使瑪利亞開心而做的每一件事情，都只是令她更退縮到她的「殼」裡去。瑪利亞變得緊張不安，躲開了所有的朋友，情形壞到她甚至怕聽到門鈴響。

　　瑪利亞認為自己是一個失敗者，又怕她的丈夫會發現這一點，所以每次他們出現在公共場合的時候，她假裝很開心，結果常常做得太過分。事後，瑪利亞會為這個難過好幾天。最後難過到使她覺得再活下去也沒有什麼意義了，瑪利亞開始想自殺。

　　後來，是什麼改變了這個不快樂的女人的生活呢？只是一句隨口說出的話，改變了瑪利亞的整個生活，使她完全變成了另外一個人。有一天，她的婆婆正在談她怎麼教育她的幾個孩子，婆婆說：「不管事情怎麼樣，總要要求他們保持本色。」

　　「保持本色！」就是這句話！在那一剎那間，瑪利亞才發現自己之所以那麼苦惱，就是因為她一直在試著讓自己適合於一個並不適合自己的模式。瑪利亞後來回憶道：「在剎那間我整個改變了。我開始保持本色。我試著研究我自己的個性，自己的優點，盡我所能去學色彩和服飾知識，盡量以適合我的方式去穿衣服。主動地去交朋友，我參加了一個社團——起先是一個很小的社團——他們讓我參加活動，使我嚇壞了。可是我每一次發言，就增加了一點勇氣。今天我所有的快樂，是我從來沒有想到可

能得到的。在教育我自己的孩子時，我也總是把我從痛苦的經歷中所總結的經驗教給他們：『不管事情怎麼樣，總要保持本色。…

在莎士比亞的《哈姆雷特》（Hamlet）中，宰相波洛涅斯（Polonius）曾這樣說道：「最重要的是忠於你自己。你只要遵守這一條，剩下的就是等待黑夜與白晝的交替，萬物自然地流逝；倘若果真有必要忠於他人，也不過是不得不那樣去做。」

做人生的本色演員

在迷離紛亂的社會，保持本色，活出自我變得越來越困難。儘管如此，我們還是應該在不違背原則的情況下遵從自我意願，充滿自信地在他人面前展現一個真實的自我，不必為討好他人而刻意改變自己，盡力成就一個真實的自我。坦誠待人，以自信的步伐行進在人生路上。

一個真正與時代共舞的人，不會因場合或對象的變化，放棄內在特質而盲目迎合他人。我們應該作為自己出現，不為任何而變。身邊有些人，他們總覺不如別人，時常隨環境或對象變化改換自己，結果弄得面目全非，苦不堪言。

保持本色，不等於標新立異。甚至明知錯了，或具有不良習慣固執不變。保持本色，是保持自己區別於他人獨特健康的個性。這種人是真正具有自信心的人，他們無論在何種情況下，都會保持一個真實的自我，並恰到好處地表現自己獨有的一切。如手勢、語言、聲調等。

美國素凡石油公司人事部主任保羅曾與六萬多位求職者面談過，並出版一本關於求職的書。他說：「求職者最容易犯的錯誤是不能保持本色，不以自己的本來面目示人。他們不能完全坦誠待人，而是給出一些自以為別人想要的面目。顯然，這種做法毫無裨益，沒有人願意聘請一個偽君子。」

　　美國著名的企業家、教育家和演講口才藝術家戴爾・卡內基（Dale Carnegie），曾經想寫一本關於公開演說的書，他希望自己的書是所有同類型中最好的一本。於是寫作過程中，他買了許多這方面的書籍，花了一年的時間把相關概念寫進去。到了最後，他才發現自己做了一件傻事。這一堆枯燥乏味冗長繁雜的東西毫無可讀性。他把那些書丟開，重新開始，不再試圖做其他人的綜合體，而是埋頭分析自己的方法與技巧，摒棄他人的高談闊論，完全以自己的經驗觀察和身分來寫作，最終取得輝煌的成就。

　　我們應該為自己是這個世上全新的個體而驕傲。應充分利用自然賦予的一切。無論好壞，必須自己創造一個屬於自己的人生舞臺；無論好壞，都得在屬於你生命的交響樂中演奏自己的「小樂曲」。

　　演人生的戲與演影視劇一樣，分為偶像派、演技派和本色演員。人生的戲要比影視劇長得多，偶像派很快就會因歲月的流逝而凋零。演技派雖然在舞臺上游刃有餘，但因為經常要戴著假面具做一些自己不樂意做的事，時間一長他自己也會感覺到很累。本色演員則根據自己本色，選擇適合自己的社會角色。他們的日子過得自然而又踏實，也總能比較成功。

　　一個按照自己本色生活的人，即使沒有取得一番驚人的成就，我們認為他也是成功的。因為，真正的成功不是在別人的眼裡，而是在自己的心中。自己覺得日子過得符合自己的意願，生活清爽而不彆扭，那就是最大的成功。

要做最真實的自己

　　戴安娜・馮・菲爾斯滕貝格（Diane von Fürstenberg）是美國時尚產品設計師，西元 1972 年以設計簡約的針織緊身衣打入時裝界，開創了以其名字命名的時尚品牌：DvF（Diane von Furstenberg）；她的 DvF 工作室不

僅設計時裝、配飾，還出香水、化妝品和美容書籍；1986 年獲得紐約市長頒發的自由勳章。1990 年代末她出版個人回憶錄，並入選美國時裝設計師理事會和美國網路公司董事會。

她在自己的回憶錄中有這樣一段話：

我出生在比利時布魯塞爾，雖然我的童年完美無缺，但我卻並不滿意，我希望能成為一個成年人，控制自己的生活。所以，當我 13 歲時母親建議送我去瑞士寄宿學校，我欣喜若狂。我終於能擁有自己的生活了，可以獨立生活。而且，如果幸運的話，也許我還能遇到什麼激動人心的事。

那是個陽光明媚的日子，我們到達位於瑞士洛桑的學校。接下來的 3 年我將在這裡度過。放下行李說再見之前，我母親帶我到萊芒湖（即日內瓦湖）邊的歐奇小鎮去飲茶。她談到生活和愛情，並開始談論更嚴肅的事，例如我不久將成為女人而不再是女孩了。她試圖談論性的問題。

我覺得和母親談論這類事情很尷尬，但我立即說：「別擔憂，我什麼都懂。」我母親笑著說了一段我永遠也忘不了，而且後來我也多次重複的話：「請你記住，我們大家都做同樣的事情……我們工作，我們吃飯，我們哭泣……不同的是你怎樣去做。」

我感謝她，為了她說的這番話，為了她對我的信任，為了她告訴我，重要的是我必須對自己負起責任；如果我這樣做了，我的生活就會高於我所做的事，生活取決於我做事的方式。

最近我和瓦坦·格雷戈里恩（Vartan Gregorian）相約吃了一頓飯。他是我所崇拜的人物之一，多年前移民來到美國，後來成了一位重要的學者。他曾是紐約公共圖書館館長和布朗大學校長，現在是卡內基基金會的主席。我們在一起很愉快，席間我問到他的童年。

　　他告訴我，6歲時他母親就去世了，住在伊朗山區的大不里士的祖母將他帶大。由於戰爭和疾病，他祖母失去了其他所有的孩子，年邁的她獨自將瓦坦撫養成人。她告訴瓦坦：「孩子，有兩件事一定要牢記。第一是命運，那是你無法控制的。第二是你的性格，那可是在你掌握之中的。你可以失去你的美麗，你可以失去你的健康，你可以失去你的財富，但是你絕不能失去你的性格，它是掌握在你自己的手中的。」

　　不管無意或有心，每個人都有掩飾自己的時候。尤其當我們在公共場合中或從事自己認為重要的事情時，我們那「表演」的痕跡就愈加明顯。一切看似都十分「完滿」、「合乎規範」，但個性完全被淹沒了。

　　從我們來到這個世界的那一刻起，我們便得到了家人及社會的關懷與關注，我們便擁有了生存權、受教育權、發展權等基本人權。從我們開始受教育起，沒有人要求對我們這些恩賜回報，或者是對家人、對社會盡什麼義務。但是，我們不可能只知盡情享用，當我們有了獨立生存的能力時，必須對家人、對社會盡一定的責任。這就客觀地要求我們每一個人都要尋找在這個社會中的立足點，選擇奮鬥方向，明確奮鬥目標。而在實現這一目標的奮鬥過程中，總會遇到許多的可預知或不可預知的事情，解決這些問題，在尋找切實可行的方法的同時，保持自己獨特的個性，以本色天性面對，坦然面對身邊的人和事是非常重要的。

　　其實，所謂個性就是自己獨特的思考和行為方式。歷史上凡是有思想的人都是個性十分鮮明，沒有個性便沒有創造力、沒有主見、沒有獨立的人格，也就不會有深邃的思想。每個人的個性都會有所不同，但保持自己獨特的個性，正確地認識、分析自己，揚長避短，將最好的狀態展現出來，這將有助於事業的發展。

　　個性是與生俱來的，雖然在後天可以得到優化和改造，但其內在的性

質是不會改變的。

莎士比亞曾說：「你是獨一無二的。」這對一個生命本身來說是最高的讚美了。

當貝蒂‧福特（Betty Ford）成為美國第一夫人時，她即以坦誠率直聞名。當那些緊追不捨又唯恐天下不亂的新聞記者問到她對各種問題的觀點時，她總是直率而坦誠地給予回答。她也從不隱瞞有關她早期精神崩潰及服用藥物、酒精等不光彩的過去。福特夫人這種坦誠的個性贏得了美國人民的愛戴。

某任著名教皇之所以到處受歡迎，部分原因是由於他不會掩飾自己。他身材很肥胖，而且出生於貧苦的農家，但他從不掩飾外貌與出身的缺陷。在他當上教皇後，有一次去探視羅馬的一所大監獄，在他祝福那些犯人時，他坦誠地說他這一次到監獄是為了探望他的侄子。很多人認為他是耶穌的化身，原因是他除了知道怎樣分享別人的苦樂外，另一個原因就是他從不戴著面具生活。

保持個性就是接受我們現在的樣子，包括一切過失、缺點、短處以及我們的資產與力量，做到自己承受、自己拯救自己。認清那些否定面是屬於我們，而不是等於我們，這樣的自我接受、自我拯救將能幫助我們更好地認識自己。很多人總是認為這些否定面等於錯誤，因而缺乏正確的自我接受的態度。

我們是否曾有過和某人一見面，便不由得心情愉悅，並有和他進一步交談的動機呢？有些人對他人的交際廣泛，感到很不可思議。其實博得人緣的祕密，除了實力這個因素外，還在於一個人是否有吸引他人的魅力。

個人魅力並非一朝一夕便能營造而成，它是由許多因素共同構成的，但最重要是用體諒別人的心去對待他人，如此必能得到眾人的歡迎。要達

到這個目標，其先決條件就是摘掉面具，保持個性。

　　人活在世，應能以本色天性面世，展現最真實自然的自己，不去刻意掩飾什麼，保持自己的個性特徵，做最真實的自己。

▌不要等到有了實驗室才做試驗

　　西元 1847 年 2 月 11 日的黎明，在美國北部著名的五大湖之一伊利湖畔的俄亥俄州（State of Ohio）米蘭鎮出生了一個小男孩。孩子生下來頭很大，身體卻十分瘦小，經營木材生意的父親十分擔心這個排行第七的孩子能否活下去。這個男孩，就是後來發明電燈，給人類帶來光明的偉大的發明家湯瑪斯・愛迪生（Thomas Edison）。

　　愛迪生 7 歲時，因父親經營屋瓦生意虧本而不得不搬家。搬家後不久，愛迪生就患了猩紅熱，人們認為這種疾病是造成他耳聾的原因。8 歲時愛迪生上學，但僅僅讀了三個月的書，就被老師斥為「低能兒」而趕出校門導致失學。

　　失學在家的愛迪生，對於生活中各種現象很感興趣。愛迪生對於自然科學最早產生興趣是在化學方面。10 歲時熱愛化學。他收集了二百多個瓶子，並節省每一塊錢去購買化學藥品裝入瓶中。為了弄清楚各種問題，小愛迪生在自家的木棚裡開始了他最初的實驗。11 歲那年，他發出了他的第一份電報。為了賺錢購買化學藥品和設備，12 歲時他獲得在列車上售報的工作，輾轉於休倫港和密西根州的底特律之間。他一邊賣報，一邊兼做水果、蔬菜生意，只要有空他就到圖書館看書。14 歲時愛迪生買了一架舊印刷機，利用火車的便利條件，辦了一份小報（週刊）——《先驅報》。小報受到歡迎，他也從緊張的工作中增加了才能、知識和經驗，並賺了不

少錢，得以繼續化學試驗。後來因為在火車上的做實驗差點釀成火災，盛怒的列車長將愛迪生趕下了火車，那時愛迪生才 16 歲。

遭受挫折的愛迪生，從來沒有放棄過自己的試驗，儘管在很長的一段時間裡，他連一個實驗室也沒有。多年以後，因「發明大王」而享譽全球的他，這樣對年輕人說：「不要等有了實驗室才去做實驗。如果你要等有了實驗室才來做實驗的話，那麼有了實驗室你也不會做實驗。」

愛迪生於西元 1931 年 10 月 18 日去世，終年 82 歲。然而迄今為止還沒有人能打破他持有 1,093 個發明專利權的記錄，人們稱他為發明之王。1881 年是他發明項目的最高紀錄年。這一年，他申請立案的發明就有 141 種，平均每三天就有一種新發明。

現在就是行動的時候

美國聯合保險公司的創始人談到自己的創業歷程時曾說：「想成為富翁的人必須相信：自己的命運要由自己來決斷，有了決斷就必須馬上付諸行動，只要你決定做什麼事，就一定要有無論怎樣都必須去完成的精神。」

「明天」、「下個禮拜」、「以後」、「將來某個時候」或「有一天」等，往往都是「永遠做不到」。有很多好計畫沒有實現，原因在於應該說「我現在就去做，馬上開始」的時候，卻說「我將來有一天會開始去做」。

例如：人人都認為儲蓄是件好事，卻不表示人人都會按部就班地依照儲蓄計畫去做。許多人都想要儲蓄，但只有少數人才能真正做到。

以下是一對年輕夫婦的儲蓄經過。畢先生夫婦每個月的收支剛好相抵。夫婦都很想儲蓄，但是往往有一些理由使他們無法開始。如下的話他們說了好幾年：「加薪以後馬上開始存錢」，「分期付款還清以後就

要……」「度過這次難關以後就要……」「下個月就要……」「明年就要開始存錢」。最後太太劉蘭不想再這樣拖下去了。她對畢先生說：「你好好想想看，到底要不要存錢？」他說：「當然要啊！但是現在省不下來呀！」劉蘭這一次下定了決心。她說：「我們想要存錢已經想了好幾年，由於一直認為省不下來才一直沒有儲蓄，從現在開始要認為我們可以儲蓄。我今天看了一個廣告說，如果每個月存 10,000 元，15 年以後就有180 萬元，外加 6.6 元的利息。廣告又說：『先存錢，再花錢』比『先花錢，再存錢』容易得多。如果你想儲蓄，就把薪水的 10% 存起來。就算要靠罐頭和稀飯撐到月底，我們也要這麼做。」

為了存錢，他們剛開始幾個月當然吃了一些苦頭；盡量節省，才留出這筆預算。現在，他們卻覺得「存錢跟花錢一樣好玩。」

如果有個電話應該打，可是自己總是一拖再拖。如果這時那句「現在就去做」從，自己的潛意識裡閃出：「快打呀！」這時就應該立刻去打電話。

或者，把鬧鐘定在早上六點，可是當鬧鐘響起時，自己卻覺得睡意正濃，於是乾脆把鬧鈴關掉，倒頭再睡。如果這種情況繼續下去，就會養成習慣。假使腦海中始終提醒自己「現在就去做」，這時就不得不立刻爬起來。

魏先生就因為養成了「現在就去做」的習慣而成為一個多產作家。他絕不讓靈感白白溜走，想到一個新意念時，他立刻記下。這種事有時候會在半夜裡發生，這時魏先生會立刻開燈，拿起放在床邊的紙筆飛快地記下來，然後再繼續睡覺。

許多人都有拖延的習慣。因為拖拖拉拉耽誤了火車、上班遲到，甚至錯過可以改變自己一生的良機。

　　要記住：「現在」就是行動的時候。

　　馬上行動可以改變一個人的態度，使他由消極轉為積極，使原先可能糟糕透頂的一天變成愉快的一天。

「明天」是魔鬼的座右銘

　　有一句俗話應被所有人銘記，那就是：任何時候都可以做的事情，往往永遠都不會有時間去做。

　　與其費盡心思地把今天可以完成的任務拖到明天，還不如在今天就想辦法把工作做完。而任務拖得越後就越難以完成，做事的態度也就越是勉強。在心情愉快或熱情高漲時可以完成的工作，被推遲幾天或幾個星期後，就會變成苦不堪言的負擔。在收到信件時沒有馬上回覆，以後再揀起來回信就不那麼容易。

　　當機立斷常常可以避免做事情的拖拉。拖延則通常意味著逃避，其結果往往就是不了了之。做事情就像春天播種一樣，如果沒有及時地把種子播下去而誤了農時，以後就沒有合適的播種時間了。無論夏天澆水多麼努力，也無法使春天被耽擱的莊稼獲得好收成。某顆人造衛星的運轉指令即使僅僅晚了一秒發出，它也會使整個衛星運行陷入混亂，後果不可收拾。

　　「沒有任何一個時刻像現在這樣重要，」愛爾蘭女作家瑪利亞·埃奇沃思（Maria Edgeworth）說，「不僅如此，沒有現在這一刻，任何時間都不會存在。如果一個人沒有趁著熱情高漲的時候採取果斷的行動，以後他就再也沒有實現這些願望的機會了。所有的希望都會被淹沒在日常瑣碎忙碌的生活中，或者會在懶散消沉中流逝。」

　　曾經是軍人後來成為企業家的呂先生說，他的成功可以歸結為「隨時做好準備」的積極務實態度。如果不是這一點，即使把他所有的天賦加

起來也不會有太大的作為。「正是因為這種個性，我才會在部隊裡得到提升，」呂先生說，「如果我要在十點鐘上崗，九點鐘我就做好了準備；從來沒有一個人或一件事因為我而耽擱一分鐘。」

當有人問一名頗有名望的女企業家，你怎麼能夠在事業上取得巨大成就的同時還承擔多種社會職務，她回答說：「我只是從不把今天可以做的事情拖到明天，僅此而已。」

智者從來不會相信所謂的明天，也從來不屑於與那些津津樂道於明天的人們為伍。許多一事無成的人這樣說：「我花了一輩子的時間來追求明天，一直都以為明天會給我帶來無窮無盡的好處和利益。」

「明天」是魔鬼的座右銘。歷史中不乏這樣的例子，很多本來智慧超群的人留在他身後的僅僅是沒有實現的計畫和半途而廢的方案。對懶散而無能的人來說，明天是他們最好的搪塞之詞。有兩句充滿智慧的俗語說得很深刻，一句是東方的「趁熱打鐵」；另一句是西方的「趁陽光燦爛的時候晒乾草」。

第三章
為了飛翔，我們乘著智慧的翅膀

一個腦筋急轉彎的題目是這樣的 ——

在一個充氣不足的熱氣球上，載著 3 位從事著攸關人類興亡研究的科學家。第一位是環保專家，他的研究可拯救無數人免於因環境汙染而面臨死亡的噩運。第二位是原子專家，他有能力防止全球性的原子戰爭，使地球免於遭受滅亡的絕境。第三位是糧食專家，他能在不毛之地運用專業知識成功地種植穀物，使幾千萬人脫離因饑荒而亡的命運。此刻熱氣球即將墜毀，必須丟出一個人以減輕載重，使其餘兩人得以生存。請問，該丟下哪一位科學家？

你的答案是什麼呢？可以想像，無論要將哪一個「倒楣鬼」扔下去，都可以羅列出 N 條理由。而題目的標準答案很簡單：將最胖的那位科學家丟出去。

一個人，他的「帽子」的價值，並不等於他的頭腦的價值。沒有智慧的頭腦，就像沒有蠟燭的燈籠。

▌天下沒有白吃的午餐

許多年前，一位聰明的老國王召集了一群聰明的大臣，給他們一個任務：「我要你們編一本《古今智慧錄》，將世界上最聰明的思想留給子孫。」這些聰明的大臣離開國王以後，工作了很長一段的時間，最後完成了一本 12 卷的巨作。

國王看了說：「各位先生，我相信這是古今智慧的結晶，然而，它太厚了，我怕人們讀不完。把它濃縮一下吧！」這些聰明的大臣又開始了長期的努力工作，幾經刪改，變成了一卷書。

然而，國王還是認為太長了，又命令他們再濃縮。結果這些聰明人把

一本書濃縮為一章，然後縮為一頁，再變為一段，最後則變為一句。聰明的國王看到這句話，顯得很滿意。

「各位先生，」國王說，「這真是古今智慧的結晶，我們全國各地的人一旦知道了這個真理，我們大部分的問題就可以解決了。」

這句最聰明的話是什麼？你知道嗎？

——「天下沒有白吃的午餐」。如果人們知道出人頭地，要以努力工作為代價，大部分人就會有所成就，同時也將使這個世界變得更美好。而白吃午餐的人，遲早會連本帶利付出代價。

唯有耕耘才有收穫

著名作家海明威（Ernest Hemingway）小的時候很愛空想，於是父親給他講了這樣一個故事：

有一個人向一位思想家請教：「你成為一位偉大的思想家，成功的關鍵是件麼？」思想家告訴他：「多思多想！」

這人聽了思想家的話，彷彿很有收穫。回家後躺在床上，望著天花板，一動不動地開始「多思多想」。

一個月後，這人的妻子跑來找思想家：「求您去看看我丈夫吧！他從您這裡回去後，就像著了魔一樣。」

思想家跟著到那人家中一看，只見那人已變得形容枯槁。他掙扎著爬起來問思想家：「我每天除了吃飯，一直在思考，你看我離偉大的思想家還有多遠。」

思想家問：「您整天只想不做，都在思考什麼呢？」

那人道：「想的東西太多，頭腦都快裝不下了。」

「我看你除了腦袋上長滿了頭髮，收穫的全是垃圾。」

「垃圾？」

「只想不做的人只能產生思想垃圾。」思想家答道。

我們這個世界缺少實做家，而從來不缺少空想家。那些愛空想的人，縱然有滿腹經綸，他們是思想的巨人，卻是行動的矮子；這樣的人，一無所獲，只會為我們的世界平添混亂，而不會創造任何價值。

在父親的教導下，海明威變得務實而不是空想終其一生，並且在其不朽的作品中，塑造了無數推崇實做而不尚空想的「硬漢」形象。作為一名成功的作家，海明威有著自己的行動哲學。「沒有行動，我有時感覺十分痛苦，簡直痛不欲生。」海明威說。正因為如此，讀他的作品，人們發現其中的主角們從來不說「我痛苦」、「我失望」之類的話語，而只是說「喝酒去」、「釣魚吧！」。

海明威之所以能寫出流傳後世的名著，就在於他一生行萬里路，足跡踏遍了亞、非、歐、美各洲。他的文章的大部分背景都是他曾經去過的地方。在他踏實的行動下，他取得了巨大的成功。

一分耕耘不見得有一分收穫，但這絕不是疏於耕耘的理由。因為：沒有耕耘一定沒有收穫。

餡餅與陷阱總相隨

有一家農戶，圈養了幾頭豬。一天，主人忘記關圈門，給了那幾頭豬逃跑的機會。經過幾代以後，這些豬變得越來越凶悍以至開始威脅經過那裡的行人。幾位經驗豐富的獵人聞聽此事，很想為民除害捕獲牠們。但是，當這些豬開始靠自己的本領去獲取生存後，已經逐漸變得聰明了。豬很狡猾，沒有給獵人捕獲的機會。

有一天，一個老獵人走進了村莊，聲稱自己可以幫鄉民們抓「野

豬」。鄉民們一開始不相信。但是，兩個月以後，老人回來告訴那個村子的村民，野豬已被他關在山頂上的圍欄裡了。

村民們很驚訝，問那個老人：「是嗎？真不可思議，你是怎麼抓住牠們的？」

老人解釋說：「第一天，我找到野豬經常出沒的地方，挖了一小塊低窪地，在空地中間放了一些新鮮的玉米，那些豬起初嚇了一跳，最後還是好奇地跑過來，聞玉米的味道。很快一頭老野豬吃了第一口，其他野豬也跟著吃起來。這時我知道，我肯定能抓到牠們了。

「第二天，我又多加了一點糧食，並在幾尺遠的地方樹起一塊木板。那塊木板像幽靈般暫時嚇退了牠們，但是那「白吃的午餐」很有吸引力，所以不久牠們又跑回來繼續大吃。當時野豬並不知道牠們已經是甕中之鱉了。此後我要做的只是每天在低窪地的糧食周圍多樹起幾塊木板，直到我的陷阱完成為止。

「然後，我挖了一個坑立起了第一根角樁。每次我加進一些角樁，牠們就會遠離一段時間，但最後都會再來吃「免費的午餐」。圍欄造好了，陷阱的門也準備好了，而不勞而獲的習慣使野豬毫無顧慮地走進圍欄。這時我就出其不意地關緊陷阱的門，那些「白吃午餐」的豬就被我輕而易舉地抓到了。」

人一旦變成上面這個故事中的「豬」一樣貪戀免費的午餐，很快就會變成陷阱中的「豬」。很多人都知道天下沒有「白吃的午餐」，但是大多數人依然在期待著快速致富的捷徑；都明白努力才能有成果，但是卻不願體驗辛苦的過程。雖然一分耕耘並不意味就一定會有一分收穫，但沒有耕耘一定是沒有收穫的。這個道理人人都懂，但是人的骨子深處老是有一種偷懶、取巧、貪婪與僥倖的心理，所以社會上詐騙案件永遠不會絕跡，也

永遠會有人受騙上當。君不見，被一再曝光的手機簡訊中獎詐騙，至今仍有人上當受騙。為什麼會這樣？無非是以為「天下有免費的午餐」吃。還有路上有人撿錢要與你平分的弱智騙術，居然也能蒙到不少人。不說撿錢私分是違背法律道德，光問你一句：「別人撿到了錢為什麼要那麼熱心地和你平分？」就不難看出其中的蹊蹺。

餡餅與陷阱，不僅字形看上去非常相似，讀音在一定程度上也有相似之處。要小心啊！別把陷阱看成了餡餅。

┃ 兩點之間最短的並不一定是直線

一位乘客上了計程車，並說出了自己的目的地。司機問：「先生，是走最短的路，還是走最快的路？」乘客不解地問：「最短的路，難道不是最快的路嗎？」司機回答：「當然不是。現在是上班高峰，最短的路交通擁擠，弄不好還要塞車，所以用的時間肯定要長。你要有急事，不妨繞一點道，多走些路，反而會早到。」

生活中有很多時候我們會遇到類似的問題，雖然條條大路通羅馬，但最快的路不一定是最短的路，到達目的地最短的路可能會因某種原因使我們浪費更多的時間。

林肯曾經說過：「我從來不為自己確定永遠適用的原則。我只是在每一具體時刻爭取做最合乎情況的事情。」英國大科學家，電話的發明者貝爾說：「不要常常走人人都走的大路，有時另闢蹊徑前往樹林深處，那裡會令你發現你從來沒有見過的東西和景物。」

直路不通時走彎路

如果把一隻蜻蜓放飛在一個房間裡，牠會拚命地飛向玻璃窗，但每次都撞到玻璃上，在上面掙扎好久恢復神智後，牠會在房間裡繞上一圈，然後仍然朝玻璃窗上飛去，當然，牠還是「碰壁而回」。

其實，旁邊的門是開著的，只因那邊看起來沒有這邊亮，所以蜻蜓根本就不會朝門那裡飛。追求光明是多數生物的天性，牠們不管遭受怎樣的失敗或挫折，總是堅決地尋求光明的方向。而當我們看見碰壁而回的蜻蜓的時候，應該從中悟出這樣一個道理：有時，我們為了達到目的，選擇一個看來較為遙遠、較為無望的方向反而會更快地如願以償；相反，則會永遠在嘗試與失敗之間徘徊。

毫無疑問，人們都願走直路，沐浴著和煦的微風，踏著輕快的步伐，踩著平坦的路面，這無疑是一種享受。相反，沒有多少人樂意去走彎路，在一般人眼裡彎路曲折艱險而又浪費時間。然而，人生的旅程中是彎路居多，山路彎彎，水路彎彎，人生之路亦彎彎，所以喜歡走直路的人要學會繞道而行。

學會繞道而行，迂迴前進，適用於生活中的許多領域。比如當你用一種方法思考一個問題或從事一件事情，遇到思路被堵塞之時，不妨另用他法，換個角度去思索，換種方法去重做，也許你就會茅塞頓開，豁然開朗，有種「山重水盡疑無路，柳暗花明又一村」的感覺。

繞道而行，並不意味著你面對人生的困難而退卻，也並不意味著放棄，而是在審時度勢。繞道而行，不僅是一種生活方法，更是一種豁達和樂觀的生活態度和理念。大路車多走小路，小路人多爬山坡，以豁達的心態面對生活，勇於和善於走自己的路，這樣你永遠不會是一個失敗者，而是一個開拓創新者。

百折不回的精神雖然可嘉，但如果望見目標，而面前卻是一片陡峭的山壁，沒有可以攀緣的路徑時，我們最好是換一個方向，繞道而行。為了達到目標，暫時走一走與理想相背馳的路，有時正是智慧的表現。

直言不便時繞著說

某天，一位年輕媳婦看到小姑穿了件新的羊毛衫，猜想是婆婆給買的，便故意高聲地對小姑說：「哇！從哪買來的羊毛衫，真漂亮！」婆婆便在一旁答話道：「從街口那家服飾店買的，剛進的貨。我先買了一件，讓你們穿上試試，要是喜歡，明天再買一件。」

年輕媳婦其實是也想要一件，但又不好意思說出口，於是轉向小姑去誇獎羊毛衫，「顧左右而言他」。聰明的婆婆也聽出了弦外之音，便答應也給她買一件，於是，年輕媳婦達到了她的目的。

有位年輕人早早回家做了一鍋紅棗飯。妻子下班回來，端起碗，高興地問道：「這紅棗真甜啊！哪來的？」丈夫說鄉下姑媽寄來的。妻子不無感慨地說：「姑媽想得可真周到啊！年年送紅棗來！」丈夫說：「那還用說，我從小失去父母，就是姑媽把我撫養大的嘛！」妻子說：「她老人家這一生也真夠辛苦的。」丈夫忽然嘆了口氣，說：「聽說，姑媽的老胃病又犯了，她一個人在鄉下真夠難熬的……」「那就接她到家裡來吧！到醫院好好治療。」不等丈夫把話說完，妻子說出了丈夫想說還未說出的話。年輕人想接姑媽來城裡治病，不便直說，而是透過吃棗飯、憶舊情，製造一種適宜的氛圍，然後再說姑媽生病，而讓妻子順著話題，說出接姑媽來的話。這樣自然圓滿，比直說高明多了。

在我們日常生活和工作中，有時候，我們還真的需要在說話時「繞圈子」。那麼，在什麼樣的情況下，說話時需要繞圈呢？

　　第一種情況是，為了顧及情面，有些話不方便直說出來，這時需要兜圈了。比如婆媳之間、戀人之間、兩親家之間等，都是後天建立起來的情感之塔，基礎欠牢固，交往中雙方都比較謹慎、敏感，言語中稍有差錯，都會帶來不快或產生誤解、造成矛盾。

　　第二種情況是，為讓對方更易接受，這時可以運用「兜圈子」的說話方法。有些話直接挑明了估計對方一時難以接受，一旦對方明確表示不同意，再要改變其態度就困難多了。在這種情況下，為了強調事理，說服對方，就可以把基本觀點、結論性的話先藏在一邊。而從有關的事物、道理、情感開始兜起圈子。待到事理通暢、明白，再稍加點撥，更能化難為易，達到說服對方的目的。前面舉的那位年輕人就是針對這種情況而兜圈子的。如果他直言要接姑媽來城裡治病，妻子不一定會同意。而透過吃棗飯、憶舊情，形成了把姑媽接來的充分理由，水到渠成，所以不用自己講，妻子就把他的心裡話說出來了。

　　來回徘徊，避實就虛，多路進攻，旁敲側擊，曲徑通幽。在迂迴的過程中，去尋找溝通的「最大公約數」，或是爭取更多的時間以利溝通的繼續進行。這種兜來繞去的方式，總能把不好聽的話說得中聽一點，把不雅觀的說得文雅一點，把不能讓人接受的話說得能讓人接受，最終是聽的人舒服，說的人順心。

▍衝動是一個最守約的魔鬼

　　現在，你不妨靜下心來，仔細回想那些令自己悔恨的往事當中，有多少衝動的影子？一定占了很大的比例吧！因為衝動，有人錯上賊船；因為衝動，有人痛失伴侶；因為衝動，有人鋌而走險……家庭的不幸、工作的

不順、人緣的惡劣等問題，不少都源於衝動行事所種下的惡果。衝動的時間一般很短，有時甚至只有區區幾秒鐘，但其造成的後果常常能夠讓人們後悔一輩子。

是的，「衝動是魔鬼」。無數個令人扼腕嘆息的悲劇一再向眾人詮釋了這句話。每一個人在自己的經歷中也多少有些親身體會。

並沒有人真的喜歡自己衝動，願意自己衝動，熱衷於自己衝動。容易衝動的人只是自我控制力太弱了而已。他不想衝動，但一個叫衝動的魔鬼誘惑了他。魔鬼告訴他：如果你購買了「衝動」，你就可以做你想做的任何事情；你可以透過衝動，使自己的情緒得到痛快淋漓的發洩。他聽到這裡，頓時呼吸急促、血壓升高，迫不及待地簽下契約。衝動過後，魔鬼會再次找上門來 —— 它會高舉著契約，契約上面寫滿了人購買「衝動」所必須支付的成本。這個成本的清單很長，代價很高，基本上與人所「購買」的衝動多寡成正比。有的人買得太多，結果需要付出自己的生命來償還。

自由來自自制

沒有自由，人如同籠裡的鳥，即使是黃金做的籠子，也斷無快樂幸福可言。但在追求自由的路人，別忘了「自制」這個詞。沒有自制，必受他制。自由來自於自制。

例如：每個人都有享受美食的自由，可是當這種自由因為無限的擴張而失去控制時，自由就會被肥胖以及由此帶來的一系列疾病所束縛，節食和減肥就是在享受這種自由後不得不付出的代價。

抽菸、喝酒也一樣。當做不到自制地享受這些自由時，那無疑是在作繭自縛，有可能從此被剝奪享受這些自由的權利。

更極端的是，一些不知自制或不能自制的人，見色起心或見財生念，一時衝動做出違背刑律的荒唐事，將自己送入囹圄，徹底告別自由。

控制自己不是一件非常容易的事情，因為我們每個人心中永遠存在著理智與情感的矛盾。自我控制、自我約束也就是要一個人按理智判斷行事，克服追求一時情感滿足的本能願望。一個真正具有自我約束能力的人，即使在情緒非常激動時，也是能夠做到這一點的。

自我約束表現為一種自我控制的感情。自由並非來自「做自己高興做的事」，或者採取一種不顧一切的態度。如果任憑感情支配自己的行動，那便使自己成了感情的奴隸。一個人，沒有比被自己的感情所奴役而更不自由的了。

無法自制的人難以取得卓越的成就。所有的自由背後都有嚴格的自制作保證，人一旦無法控制自己的情緒、惰性、時間、金錢……那他將不得不為這短暫的自由付出長遠的、備受束縛的代價。

無法自制定被他制。如果不希望成為被他人判處約束的「無期徒刑」或「死刑」，你就得好好管住自己。

有一次，小江和辦公大樓的管理員發生了一場誤會，這場誤會導致了他們兩人之間彼此憎恨，甚至演變成激烈的敵對態勢。這位管理員為了顯示他對小江的不滿，在一次整棟大樓只剩小江一個人時，立即把整棟大樓的電閘關掉。這種情況發生了幾次，小江決定反擊。

一個週末的下午，機會來了。小江剛在桌前坐下，電燈滅了。小江跳了起來，衝到樓下警衛室。管理員正若無其事地邊吹口哨邊看報紙。小江惱羞成怒，以異常難聽的話辱罵對方，而出人意料的是，管理員卻站直身體，轉過頭來，臉上露出開朗的微笑，他以一種充滿鎮靜與自制力的柔和聲調說道：「呀！你今天晚上有點激動吧？」

完全可以想像小江是什麼感覺，面前的這個人是一位文盲，有各式各樣的缺點，但他卻在這場戰鬥中打敗了小江這樣一位高層管理人員。況且這場戰鬥的場合以及武器都是小江挑選的。

小江非常沮喪，他恨這位管理員恨得咬牙切齒，但是沒用。回到辦公室後，他好好反省了一下，覺得唯一的辦法就是向那個人道歉。

小江又回到警衛室，輪到那位管理員吃驚了：「你有什麼事？」

小江說：「我來向你道歉，不管怎麼說，我不該開口罵你。」

這些話顯然起了作用，那位管理員不好意思起來：「不用向我道歉，剛才並沒人聽見你講的話，況且我這麼做，只是洩洩私憤，對你這個人我並無惡感。」

你聽，他居然說出對小江並無惡感這樣的話來。小江非常感動，兩人就那麼站著，還聊了一個多小時。

從那以後，兩人成了好朋友。小江也從此下定決心，以後不管發生什麼事，絕不再失去自制。因為一旦失去自制，另一個人 —— 不管是一名目不識丁的管理員還是一名知識淵博的人 —— 都能輕易將他打敗。

這件事告訴我們：一個人必須先控制住自己，才能控制別人。

自制不僅僅是人的一種美德，在一個人成就事業的過程中，自制也可助其一臂之力。

有所得必有所失，這是定律。因此說，要想取得並非是唾手可得的成功，就必須付出努力，自制可以說是努力的同義語。

自制，就要克服慾望，人有七情六慾，此乃人之常情。古語有：「食色美味，高屋亮堂，凡人即所想得，但得之有度，遠景之事，不可操之過急，欲速則不達也，故必控制自己。否則，舉自身全力，力竭精衰，事不能成，耗費枉然。又有些奢華之事，如著華衣，娛耳目，實乃人生之瑣

事，但又非凡人所能自克，沉溺其中而不能自拔，就不是力竭精衰的小事了，人必然會頹廢不振，空耗一生。」

人最難戰勝的是自己。換句話說，一個人成功的最大障礙不是來自於外界，而是自身，除了力所不能及的事情做不好之外，自身能做的事不做或做不好，那就是自身的問題，是自制力的問題。

一個成功的人，他是在大家都做情理上不能做的事，他自制而不去做；大家都不做情理上應做的事，而他強制自己去做。做與不做，克制與強制，這就是取得成功的因素。

如何增強自制力

西元 1965 年 9 月 7 日，世界撞球冠軍爭奪賽在美國紐約舉行。路易斯·福克斯（Louis Fox）的得分一路遙遙領先，只要再得幾分便可穩拿冠軍了，就在這個時候，他發現一隻蒼蠅落在主球上，他揮手將蒼蠅趕走了。可是，當他俯身擊球的時候，那隻蒼蠅又飛回到主球上來了，他在觀眾的笑聲中再一次起身驅趕蒼蠅。這隻討厭的蒼蠅破壞了他的情緒，而更為糟糕的是，蒼蠅好像是有意跟他作對似的，他一回到球臺，牠就又飛回到主球上來，引得周圍的觀眾哈哈大笑。路易斯·福克斯的情緒惡劣到了極點，他終於失去了理智，憤怒地用球桿去擊打蒼蠅，球桿碰動了主球，裁判判他擊球，他因此失去了一輪機會。之後，路易斯·福克斯方寸大亂，連連失分，而他的對手約翰·迪瑞（John Deare）則愈戰愈勇，超過了他，最後奪走了冠軍。第二天早上，人們在河裡發現了路易斯·福克斯的屍體，他投河自殺了！

一隻小小的蒼蠅，竟然擊倒了所向無敵的世界冠軍！路易斯·福克斯奪冠不成反被奪命，其中的教訓可謂深刻。

控制自己的情緒和行為，是一個人有教養和成熟的表現。可是在生活和工作中，常常會有這樣的人，他們總是為一點小事而大動干戈、發脾氣，鬧得雞犬不寧，既破壞了和諧的工作環境，也破壞了同事間的團結。心理學家認為，衝動是一種行為缺陷，它是指由外界刺激引起，突然爆發，缺乏理智且帶有盲目性，對後果缺乏清楚認知的行為。

　　相關研究發現，衝動是靠情緒推動的，帶有強烈的情感色彩，其行為缺乏意識的能動調節作用，因而常表現為感情用事、魯莽行事，既不對行為的目的作清醒的思考，也不對實施行為的結果可能性作實事求是的分析，更不對行為的不良後果作理性的評估和理解，而是一廂情願、忘乎所以，其結果往往是追悔莫及，甚至鑄成大錯、遺憾終生。

　　增強自制力，可以使我們有更多的機會獲得成功的體驗，使自己更加理智，遇事更為冷靜，從而進入良性循環，使自我得到積極健康的發展。

　　有了較強的自制力，可以使人具有良好的人格魅力，增強自己的親和力，更容易得到別人的認同，擁有更多的朋友和知己，使自己的交際範圍更為廣泛，在與朋友的交往中學習別人的優點，吸取別人的教訓，進一步完善自我。

　　自制力可以激勵自我，從而提高學習效率；也可以使自己戰勝弱點和消極情緒，從而實現自己的理想。怎樣培養和增強自己的自制力呢？從理論上講可以從以下幾個方面進行。

◆ 認識自我，了解自我，深入自己的內心

　　人最大的敵人不是別人，而是自己。只有認識自我，在取得成績時，才能保持平常的心態，不會因此而驕傲自滿，喪失自我，對自己的能力有過高的估計；只有認識自我，在遇到挫折和失敗時，才不會被其擊倒，一

如既往地為著自己既定的目標而努力，不會對自己有過低的評價。任何人都不可能一帆風順地成功，也沒有任何事情是不需要付出任何一點努力就能完成的。當我們遇到挫折時，當我們因為各種原因而後退時，我們就必須重新認識自我，只有在正確認識自我的基礎上，才能重新找回自己的航行坐標，朝勝利方向前進。

我們隨便找幾個人問他了解不了解自己，得到的回答一般說來都是肯定的。很多時候，人們總是認為自己最了解對自己。其實，你真的了解自己嗎？不，其實很多人根本不了解自己，根本無法正確地認識自己。

很多時候，我們總認為自己是對的，但當事情有了結果之後，我們才發現自己的錯誤，我們常常以為自己完全了解自己，其實我們是被自己矇蔽了，或者說我們自己不願意去正確地認識自己，我們寧願被表象所麻痹。

怎樣才算是認識自己了呢？認識自我，就是對自己的性格、特點、長處、短處、理想、生存目的、價值觀、興趣、愛好、憎惡、心理狀態、身體狀態、生活規律、家庭背景、社會地位、交際圈、朋友圈、現在處於人生的高峰還是低谷、長期或短期目標是什麼、最想做的事是什麼、自己的苦惱是什麼、自己能夠做什麼、自己不能做成什麼等方面做出正確全面的綜合評估。

◆ 學會控制自己的情緒，而不是任由情緒支配

人的具體活動，都是由情緒進行先導，每個行為都受著情緒的控制，有的是無意的，有的是有意的。但是，情緒是構建在肢體之上，它必須起源於我們的身體。在情緒控制活動之前，我們就一定要先主動積極地對其有正確的引導，或者控制，修正其中的錯誤，發出正確的行動指令。這

樣，我們的行為才會減少衝動因素，使我們的情緒更為穩定，能更為理性地看待問題。

　　要想控制情緒，並能夠駕馭它，就要知道自己想做什麼，能做什麼，不能做什麼。當明確了這些之後，我們在思想上就可以為自己的行為定下一個準則，利用這個準則來指導自己該做什麼，不該做什麼。

　　要想掌控自己的情緒不是件容易的事情，在活動進行的過程中，我們原先為自己定下的準則會時不時地受到各種因素的影響，使得我們所堅持的準則開始動搖甚至坍塌，所以，在活動進行的過程中，我們要時常檢討自己的行為，思考自己的得失，減少衝動、激進的情緒，這樣才能重新奪回情緒對思想的控制權，使自己的行為更為理性。

◆　建立遠大的目標

　　一個有遠大目標的人，能不理會身邊的嘈雜而專注前行；一個想去麥加朝聖的行者，不會輕易在路途中聽別人的話而改變路線，也不會輕易因別人的挑釁而拔刀相向。勾踐因為有復國雪恥的目標，因此不會因為夫差的羞辱而衝動。

　　因為有了努力的方向，所以不會盲目行動；因為身負重任，所以心無旁騖前行。有了自己最想完成的目標，我們的思想和行為或多或少都會受其影響，在一定程度上可以矯正我們的思想和行為，對我們自制力的增強將會造成積極的作用。

◆　從點滴小事中培養自制力

　　如果你今天早上計劃做某件事，但因昨晚休息得太晚而睏倦，你是否會義無反顧地披衣下床？

　　如果你要遠行，但身體乏力，你是否要停止遠行的計畫？

如果你正在做的一件事遇到了極大的、難以克服的困難，你是繼續做呢，還是停下來等等看？

對諸如此類的問題，若在紙面上逐一回答，答案一目瞭然，但若放在現實中，自己去拷問自己，恐怕也就不會回答得這麼俐落。眼見的事實是，有那麼多的人在生活、工作中遇到了難題，都被打趴。他們不是不會簡單地回答這些問題，而是缺乏自制力，難以控制自己。

要擁有非凡的自制力，並非看幾本書，發幾個誓就能立刻見效。九尺之臺，起於壘土。透過一件又一件的小事來鍛鍊自己的自制力，是提升自己自制力的一個切實可行的方法。

▎與其生氣，不如爭氣

我出生在貧民窟⋯⋯

我五歲時失去了媽媽⋯⋯

沒有同伴願意和我一起玩⋯⋯

因為沒有讀多少書找不到好工作⋯⋯

好容易找了一個女朋友但還是因為經濟問題分手了⋯⋯

哲人打斷了這個喋喋不休訴苦年輕人的話，說：「抱怨不如實做，與其生氣不如爭氣，只是一味抱怨黑暗，不如用自己的行動點燃人生的蠟燭，照亮自己通往成功的旅途。」

各式各樣的抱怨，充斥在各個角落。抱怨者總是把失敗的原因歸到別人身上，他們往往抱怨自己的機會少，懷才不遇，甚至是命運不公，卻從不在自己的身上找原因。沒有人會喜歡抱怨者。習慣抱怨的人，只會讓自己孤立。一味地埋怨、生氣，是不會使自己成功的，只會令自己更孤立，更悽慘。一味地怨天尤人，牢騷滿腹，只會讓成功離自己越來越遠。

與其生氣，不如爭氣。一味地嘴邊抱怨、心裡生氣，不如用自己的行動點燃人生的蠟燭，照亮自己通往成功的旅途。真正的成功者，不花時間去抱怨與生氣，他們喜歡用行動、實做來表明自己的態度和價值。

懶得生氣

人生難免遇到不如意的事情。許多人遇到不如意的事時常常會生氣：生怨氣、生悶氣、生閒氣、生怒氣。殊不知，生氣，不但無助於問題的解決，反而會傷害感情，弄僵關係，使本來不如意的事更加不如意，猶如雪上加霜。更嚴重的是，生氣極有害於身心健康，簡直是自己「摧殘」自己。

德國學者康德說：「生氣，是拿別人的錯誤懲罰自己。」古希臘學者伊索說：「人需要平和，不要過度地生氣，因為從憤怒中常會產生出對於易怒的人的重大災禍來。」俄國作家托爾斯泰說：「憤怒使別人遭殃，但受害最大的卻是自己。」清末文人閻景銘先生寫過一首〈不氣歌〉，頗為幽默風趣：

他人氣我我不氣，我本無心他來氣。
倘若生氣中他計，氣出病來無人替。
請來醫生將病治，反說氣病治非易。
氣之危害太可懼，誠恐因氣將命廢。
我今嘗過氣中味，不氣不氣真不氣！

美國生理學家為研究生氣對人健康的影響進行了一個很簡單的實驗：把一支玻璃試管插在有水的容器裡，然後收集人們在不同情緒狀態下冷凝的「氣水」，結果發現：即使是同一個人，當他心平氣和時，所呼出的氣變成水後，清澄透明，一無雜色；悲痛時的「氣水」有白色沉澱物；悔恨

時有淡綠色沉澱物，生氣時則有淡紫色沉澱物。生理學家把生氣時的「氣水」注射在大白鼠身上，只過了幾分鐘，大白鼠就死了。這位專家進而分析：如果一個人生氣 10 分鐘，其所耗費的精力，不亞於參加一次 3,000 公尺的賽跑；人生氣時，體內會合成一些有毒性的分泌物。經常生氣的人無法保持心理平衡，當然難以健康長壽，活活氣死人的現象也並不罕見。另一位美國心理學家，經過實驗研究表示：如果一個人遇上高興的事，其後兩天內，他的免疫能力會明顯增強；如果一個人遇到了生氣的事，其免疫功能則會明顯降低。

生氣既然不利於建立和諧的人際關係，也極有害於自己的身心健康，那麼，我們就應該學會控制自己，盡量做到不生氣，萬一碰上生氣的事，要提高心理承受能力，自己給自己「消氣」。要學會息怒，要「提醒」和「警告」自己：「萬萬不可生氣」，「這事不值得生氣」，「生氣是自己懲罰自己」，使情緒得到緩衝，心理得到放鬆。

應把生氣消滅在萌芽狀態。要認知到容易生氣是自己很大的不足和弱點，千萬不可認為生氣是「正直」、「坦率」的表現，甚至是值得炫耀的「豪放」。那樣就會放縱自己，真有生不完的氣，害人害已，貽患無窮。

努力爭氣

人生在世，有很多事是無法選擇的，比如：我們無法選擇出生，但我們可以憑藉知識和能力，改變未來；我們無法選擇外貌，但可以提升內涵，提高我們的實力。很多事情是不期而至的，我們無法去選擇它何時開始，但是可以決定它的結果，這完全取決於你自己！

努力創造爭氣的條件，你才能夠成功，才會有所成就。「生氣」與「爭氣」雖然只是一字之差，人生態度卻是大不相同：生氣是做人的失

敗，爭氣是做事的成功。所謂人生態度，指的是一個人對於人生中各種事物的看法。態度雖然存在於心中，卻會透過言行表露於外。一個人對於事物的看法，直接決定了他下一步所採取的行動。

有人說是習慣決定人生的勝負，因為行動很多時候來自於習慣。那麼，習慣又是從何而來的呢？也許有人會說是「養成的」。這個回答當然沒有錯，但還是答得太籠統。習慣是養成的，它植根於態度的土壤。什麼樣的態度「土壤」，生長出什麼樣的習慣之樹；什麼樣的習慣之樹，結出什麼樣的果。一個人若認為工作是為了不挨餓受凍而不得不做的苦差事（態度），他是怎麼也養不成樂崗敬業的習慣的。因為在他心裡根本就沒有一片適合這種習慣生長的土壤，他的職業生涯必定是灰暗無邊。要打破他灰暗的職業生涯，只有從心態入手。從習慣入手是沒有效果的，因為沒有適宜心態的支撐，習慣始終是無根之木。

無論是做人也好，做事也罷，最關鍵的是態度。

人人生而平等，有時候真的有必須生氣的理由。但生氣有什麼作用？生氣僅僅是一種情緒化的表現而已，僅僅停留在口頭或拳頭之上。但爭氣是一種實實在在的行動反擊。爭氣不是說有就有的，要靠努力才可以實現。爭氣值得喝彩，爭氣值得鼓勵與學習。總之，生氣是一種消極的發洩，爭氣是一種積極的作為。

當你的態度改變後，一切都會發生變化。同樣一句話，有的人會因為這句話而受到激勵，然後奮發向上，成就一生，這就是爭氣。這樣的例子真是太多了。而有的人卻因為這句話受到刺激，怒髮衝冠，從而壞了正事。人要爭氣，不可以生氣。人有七情六慾，難免會有喜怒哀樂，忍一時海闊天空；人生起伏高低，難免有高潮低潮，爭口氣則時運濟濟。人要爭一口氣，千萬不要生悶氣！

我們為什麼不想想如果我們自己足夠優秀，別人還會對你冷眼嘲諷嗎？所以，碰上生氣時最好的應對辦法就是自己爭氣，去做得更好，在人格上、在知識上、在智慧上、在實力上使自己加倍成長，變得更加強大，許多問題就會迎刃而解。

淹死的大多是游泳的高手

在這個世界上，處境最糟糕的往往不是那些沒有半點本事之人。反倒是那些有點本事的人，更容易失足跌入深淵。這就像「旱鴨子」不易淹死，因為他總是離水遠遠的。而水性好的人，喜歡炫耀自己的水性，或者因為水性好而疏忽大意，結果「淹死的都是游泳好手」。

因此，在《管子・樞言》中，管子認為：「人之自失也，以其所長者也。故善游者死於梁池，善射者死於中野。」梁池是指橋下水流湍急處。善游泳的自恃游泳技術高超，無懼險境，結果被捲入漩渦中死去。善射的自恃箭術精準，老在野外射鳥獸，結果被猛獸所害。這就是人的「失」為什麼來自於長處的道理。

在泰國有不少熱愛蛇、以耍蛇為生的人，34 歲的布阿奇就是其中最為著名的表演者之一，他曾經創造過與蛇同居時間最長的金氏世界紀錄，被許多人譽為「蛇王」。然而，正是這位天天與蛇打交道的蛇王，卻在 2004 年 3 月的一次日常表演中，被眼鏡蛇意外地咬傷致死。布阿奇在普通的表演中，被自己的眼鏡蛇咬了一口。一般人被眼鏡蛇咬傷後，會採取必要的包紮以及放血處理後，在第一時間裡到醫院進行治療。作為一代蛇王的布阿奇卻「藝高膽大」，他被咬傷後，不但沒有採取任何處理，甚至還繼續著自己的表演，直到暈倒在地抽搐不止。人們才手忙腳亂把布阿奇送進了曼谷東北部的一家醫院，他已經沒有呼吸了，心臟也停止跳動了。

布阿奇玩蛇十多年來，遭各種蛇咬傷 400 餘次。第一次被咬傷後他沒有去醫院，結果傷口在幾天後痊癒。以後他又多次遭蛇咬傷，最慘的一次是兩天內遭 6 條蛇咬傷，使他昏迷不醒，送到醫院急救並躺了一個月。最驚險的一次是他曾被眼鏡蛇咬到頭部，醫院宣布了他的死亡，但幾天後親友把他的遺體運往廟宇準備火化時，他的身體突然開始活動，然後經過一番治療，又奇蹟般地起死回生，恢復了健康。

　　布阿奇正是因為擁有如此傲人的資本，才勇於無視眼鏡蛇的傷害。但這一次，蛇將他的生命定格在 34 歲，一個風華正茂的年齡。耍蛇者終於死於蛇，再次為「善游者死於梁池，善射者死於中野」這句睿智的名言下了一個有力的注解。

能而示之以不能

　　人人都喜歡當強者，但強中更有強中手。一味地好強，自有強人來挑戰你，還不如在適當的時候示弱效果好。在強者面前示弱，可以消除他的敵對心理。誰願意和一個明顯不如自己的人計較呢？當「強」與「弱」出現明顯的差距時，自認為的強者若與弱者糾纏，實在是把自己的身分與地位降低。就像一個散打高手，根本就不屑於和一個文弱書生動手 —— 除非在忍無可忍的情況之下。再舉一個例子，如果一個不懂事的小孩罵了你，你會和他對罵嗎？肯定不會，除非你也是一個小孩，或者你自願成為一個只有小孩心胸的成年人。

　　《孫子兵法》中有云：「兵者，詭道也。故能而示之不能，用而示之不用……」這裡所謂的「能而示之不能」，是指有能力卻故意裝作沒有能力的樣子。

　　三國時期的陸遜，是東吳繼周瑜、魯肅、呂蒙之後的又一個聲望頗

高、功績卓著的將領。他智勇兼備，武能安邦，文能治國，並且人格高尚。孫權把他比做成湯之伊尹和周初之姜尚。就是這麼一個有才能之人，在奪取荊州一戰中，不停以卑下的言辭寫信吹捧關羽。關羽收到陸遜吹捧自己的信後，認定 23 歲的陸遜是一個百無一用的書生，對東吳軍隊完全喪失警惕，全力對付曹操。這樣吳軍才得以白衣渡江，兵不血刃地輕取荊州。

兵不厭詐，戰爭終歸是以成敗論英雄的。人世間的事情也許沒有兩軍交戰時那麼慘烈，但人與人之間交鋒的複雜程度絲毫不亞於戰爭。因此在某些特殊的場合和情境下，還是需要裝裝無能的。

曾有一位記者去採訪一位政治家，原本打算蒐集有關他的醜聞資料，作為負面的新聞報導。他們約在一間休息室裡見面。在採訪中，服務生剛將咖啡端上桌來，這位政治家就端起咖啡喝了一口，然後大聲嚷道：「哦！該死，好燙！」咖啡杯隨之滾落在地。等服務生收拾好後，政治家又把香菸倒著放入嘴中，從過濾嘴處點火。這時記者趕忙提醒：「先生，你將香菸拿倒了。」政治家聽到這話之後，慌忙將香菸拿正，不料卻將菸灰缸碰翻在地。

平時趾高氣揚的政治家出了一連串洋相，使記者大感意外，不知不覺中，原來的那種挑戰情緒消失了，甚至對對方懷有一種親近感。

其實，整個出洋相的過程，都是政治家一手安排的。政治家都是深諳人性弱點的高手，他們知道如何消除一個人的敵意。當人們發現強大的假想敵也不過如此，同樣有許多常人擁有的弱點時，對抗心理會不知不覺消失，取而代之的是同情心理。人一旦同情某一個人，就不會願意去打擊他。

除了在強者面前要學會示弱外，在弱者面前我們也應該學會示弱。在弱者面前示弱，可以令弱者保持心理平衡，減少對方的或多或少的嫉妒心理，拉近彼此的距離。在弱者面前如何示弱呢？

例如：地位高的人在地位低的人的面前不妨展示自己的奮鬥過程，表明自己其實也是個平凡的人；成功者在別人面前多說自己失敗的記錄、現實的煩惱，給人以「成功不易」、「成功者並非萬事大吉」的感覺；對眼下經濟狀況不如自己的人，可以適當訴說自己的苦衷，讓對方感到「家家有本難念的經」；某些專業上有一技之長的人，最好宣布自己對其他領域一竅不通，袒露自己日常生活中如何鬧過笑話、受過窘等；至於那些完全因客觀條件或偶然機遇僥倖獲得名利的人，完全可以直言不諱地承認自己是「瞎貓碰上死耗子」。

裝傻的人有好命

人們常說：「傻人有傻命。」為什麼呢？因為人們一般懶得和傻人計較——和傻人計較的話自己豈不也成了傻人？也不屑和傻人爭奪什麼——贏了傻人也不是一件什麼光彩的事情。相反，為了顯示自己比傻人要高明，人們往往樂意關照傻人。因此，傻人也就有了好命。

和傻人相對應的是聰明人。大多數人都想給自己建立一個聰明人的形象，唯恐別人不知道自己聰明，便處處表現自己的聰明。這種唯恐天下人不知道自己聰明的人，只能算是一個精明人。就像那些處處拿錢炫耀的人，再有錢也只能叫暴發戶而不能成為貴族。

精明人因為精明，對身邊有利害關係的人總是有一種潛在的威脅。人們時時提防他，處處打壓他。明代政治家呂坤以他豐富的閱歷和對歷史人生的深刻洞察，在《呻吟語》中說了一段十分精闢的話：「精明也好十分，只需藏在渾厚裡作用。古今得禍，精明人十居其九，未有渾厚而得禍。今之人唯恐精明不至，乃所以為愚也。」

真正的聰明人在適當的時候會裝裝傻。明朝時，況鐘從郎中一職轉任

蘇州知府。新官上任，況鐘並沒有急著燒所謂的三把火。他假裝對政務一竅不通，凡事問這問那，瞻前顧後。府裡的小吏手裡拿著公文，圍在況鐘身邊請他批示，況鐘佯裝不知所措，低聲詢問小吏如何批示為好，並一切聽從下屬們的意見行事。這樣一來，一些官吏樂得手舞足蹈，都說碰上了一個傻上司。過了三天，況鐘召集知府全部官員開會。會上，況鐘一改往日愚笨懦弱之態，大聲責罵幾個官吏：某某事可行，你卻阻止我；某某事不可行，你又慫恿我。罵過之後，況鐘命左右將幾個奸佞官吏捆綁起來一頓狠揍，之後將他們逐出府門。

還有一個著名的裝傻高手，叫李忱。他的裝傻不但保全了自己的性命，還因傻而坐上了龍椅。李忱是唐朝第十一位皇帝（不計武則天）唐憲宗的第十三子，因為自幼笨拙木訥，在皇子當中非常不起眼。長大後，李忱更是沉默寡言，形似弱智。因為他與九五之尊的形象相差太遠，所以在一次又一次權利傾軋的刀光劍影中安然無恙。

命運在李忱 36 歲那一年來了一個華麗的轉身。會昌六年（846 年），唐朝的十五位皇帝唐武宗因為食方士煉的所謂仙丹而暴斃。國不可一日無主，誰來當繼任皇帝呢？當時，朝廷裡宦官的勢力很強，這些宦官們為了能夠繼續獨攬朝政、享受榮華富貴，首先想到的就是找一個容易控制的人上臺。他們斟酌過後，發現有點弱智的李忱是最好的人選。於是，身為三朝皇叔的李忱被迎回皇宮，黃袍加身。

居心不良的宦官們的算盤打得很好。但他們顯然低估了李忱的能耐。李忱登基後，將專權的宦官們一一清理，並精勵治國，使暮氣沉沉的晚唐呈現出「中興」的局面，以至於被後人稱之為「小太宗」。

精明人成功起來的確會難一些。你的對手會因為你的精明而時時防備著你，甚至於反過來用更加的精明的方法來算計你。就是和你在同一個陣

營中的人，也往往因為覺得你有不錯的資質，對你的期望過高。顯然，過高的期望一旦落空，失望也同樣是「過高」的。

如此看來，人還是傻一點好。不夠傻的話，就裝裝傻吧！

裝傻，看似愚笨，實則聰明。人立身處事，不矜功自誇，可以很好地保護自己，即所謂「藏巧守拙，用晦如明」。不過，人人都想表現聰明，裝傻似乎是很難的。這需要有傻的胸懷風度。《菜根譚》說：「鷹立如睡，虎行似病。」也就是說老鷹站在那裡像睡著了，老虎走路時像有病的模樣，這就是牠們準備獵物吃食前的手段，所以一個真正具有才德的人要做到不炫耀，不顯才華，這樣才能很好地保護自己。

裝傻還需要出色的表演才能：拿出來表演的，是為了愚人耳目，真功夫卻不可告人。或者裝瘋、裝啞、裝傻、裝不知道。宗旨只有一個，那就是掩藏真實目的；要求也只有一個，即逼真，使旁觀者深信不疑。

既是演戲，除了演技之外，最重要的是自信。自信自己會成功，自信自己確能愚人耳目，自信自己演技勝人一籌。這樣，演起戲來才會面不改色心不跳，沉著冷靜，應付自如，彷彿完全進入角色。

▌總有一天你會明白，仁愛比聰明更難做到

全球最大的網路書店亞馬遜公司（Amazon.com, Inc.）的總裁叫傑夫‧貝佐斯（Jeff Bezos）。在貝佐斯 10 歲那年，他隨祖父母外出旅遊。

旅遊途中，貝佐斯看到一條反對吸菸的廣告上說：吸菸者每吸一支菸，他的壽命便縮短兩分鐘。正好貝佐斯的祖母也吸菸，而且有著 30 年的菸齡。於是，貝佐斯便自作聰明地開始計算祖母吸菸的次數：祖母平均一天要抽一包多的菸，一包菸縮短……結果，貝佐斯就算出祖母的壽命已經因吸菸而縮短了 300 多天！當貝佐斯得意地把這個結果告訴祖母時，祖

母傷心地放聲大哭起來。

　　祖父見狀，便把貝佐斯叫下車，然後拍著他的肩膀說：「孩子，總有一天你會明白，仁愛比聰明更難做到，」祖父的這句話雖短，卻令貝佐斯終身難忘。從那以後，他一直都按照祖父的教誨做人。

做人要有仁愛之心

　　也許有人會以為，只要有一個聰明的腦袋，學到足夠的教育知識，人生就會步入坦途。實則不然，一個人要想使自己的聰明才智得到最大限度的發揮，還必須學會寬厚和仁愛，只有這樣，才能得到盡可能多的人氣，從而為自己的發展掃平障礙。

　　人際關係的黃金法則是：你如何對待別人，別人也會採取同樣的方式對待你。愛人者，人恆愛。如果一個人真誠地關愛別人，就能得到別人真誠的愛。做人要有仁愛之心，正像一首歌詞所唱的那樣：「只要人人都獻出一點愛，這世界將變成美好的人間。」

　　「仁愛」是人類社會的精髓，無論是佛、道、儒三教，還是國外的基督教等，都無一不將「仁愛」作為一個重要的教義。先哲孔子是一個畢生宣揚「仁愛」精神的一個人。對於「仁」的定義，他認為「仁」即「愛人」，並提出了「己所不欲，勿施於人」，「己欲立而立人，己欲達而達人」的「忠恕」之道。儒家思想長期占據歷史的統治地位，仁愛是儒家思想的主要內容，仁愛思想被歷代賢哲智士不斷弘揚光大。仁愛也是和諧社會的重要思想基礎。仁愛講究奉獻，不求索取；仁愛提倡扶危濟困，尊老愛幼。仁愛作為一種做人的美德，成為古今中外各界人士所崇尚的行為。

　　子曰：「唯仁者，能好人，能惡人。」做人要有標準，雖然很多人在課本裡面學了一堆價值觀、人生觀、世界觀，可是卻依舊迷失困惑，就是

因為他不知仁啊！只有具有仁愛之心，才可以正確地判斷，怎麼樣做才是真正地對人好，怎麼樣做其實是害人。

對人好者，人亦回報其以好。清代著名的晉商喬致庸之所以能成為一個成功的商人，重要原因就是他有一顆仁愛之心。喬致庸以天下之利為利，經營票號實現匯通天下的目標，不是為了自己發大財，而是為了方便天下商人。開拓武夷山茶路不僅是為了自己發財，更多的是考慮如何解除茶農們的生活之困。當有人出高價收購他經營的茶市時，他毅然撤出，這是一般的商人很難做到的。在喬家門前，常年拴著 3 頭牛，誰需要使用，只要打聲招呼，便可牽去用一天；每年春節前夕，喬家大門洞開，喬致庸會拉出一扇板車，滿載米、麵、肉，誰家想要，只要站在門口招招手，便可隨意取去。喬致庸就是憑著一顆仁愛之心，凝聚了一大批忠誠的同伴，他雖然多次歷經災難，幾乎家破人亡，但這些同伴卻全力以赴、鼎力相救，一次次使他轉危為安、化險為夷，沒有同伴在危難時刻離他而去。這全是仁愛之心使然。大災之年，他開粥棚救濟十萬災民，家人與災民同鍋喝粥，為了支撐粥棚幾乎傾家蕩產。

而對人害者，人亦報以其害。《喬家大院》裡的祁縣何家，因經營菸館生意，賺了不少錢，但做的是缺德事，害的是老百姓，因此不得好報。何家少爺也因長期抽鴉片毀壞了身體，疾病纏身，不能過正常人的生活，花了大筆銀子娶回江雪英不久便一命嗚呼，撒手人寰，萬貫家財盡落他人之手，得到了應有的報應。

愛的理由無處不在

我們每個人在出生的那一天都得到了一份上帝送給我們的最好的禮物，那就是世界。那麼，我們也應給這個世界一份禮物，那就是我們對這

個世界的愛，對這個世界上所有的人、物的愛。

我們的父母把我們帶到這個世界上，的確是一種奇蹟。我們又和給了我們生命的父母能在一起生活，是一種緣分，也是一種幸福。

我們和周圍的人，不管是鄰居、同事、朋友，甚至敵人，能一起生活在這個星球上，而且還處於同一個時代，也是一種緣分，一種幸福。

我們和路旁的小樹、小草，花園裡盛開的花朵，樹蔭裡快樂鳴叫著的小鳥，樹林裡快活跳躍的小鹿，能一起生活在同一片藍天下，也是一種緣分，一種幸福。

俗話說，「十年修得同船渡」，那麼我們和父母、周圍的人、花朵、小鳥、小草、小樹、小鹿，一起生活在這個世界上，不知修了多少年？

我們在這個世界上，只能生活短短的幾十年，太短太短的一個瞬間。

我們沒有理由不愛我們的這個世界，哪怕這個世界仍然有很多讓你我不滿意的地方，有戰爭、有犯罪、有汙染，但它還是我們的世界。

我們更沒有理由不愛我們的父母，哪怕我們的父母只是一個普通的再也不能普通的人，哪怕他們沒有留給我們萬貫家產、哪怕他們沒有給我們高貴的血統。我們愛他們，只因為他們是我們的父母。

我們也沒有理由不愛我們周圍的人，鄰居、同事、朋友。儘管為了某事，和鄰居吵過架、和同事有過不快、和朋友紅過臉……但這些並不妨礙我們愛他們，只因為我們生活在同一個地球上，生活在同一片藍天下。

如果將愛本身就作為一種最恰當不過的理由，我們就不會再為自己找不到那些所謂的愛的理由而生出無窮的煩惱了。

世上沒有無緣無故的恨，也沒有無緣無故的愛。但我們一起生活在這個美麗的星球上，這個理由還不充分嗎？

所以，愛我們這個世界吧！既然人生如此短暫。

愛我們的父母吧！既然是他們給了我們生命。

愛我們的鄰居、同事、朋友吧！既然我們是鄰居，是同事，是朋友。

愛我們身邊的小鳥、小鹿、小草、小樹，還有美麗的花朵吧！既然他們和我們一起點綴著這個世界。

所以，應該熱情地相信「這的確是一個美好的世界」，那麼它就真的會變成一個極其美好的世界。

無論愛是否存在何種理由，但卻是我們在這個世界裡最值得去散播的種子。大部分人都希望有這樣的感覺：我們生活得很好，並且在我們將要離開這個世界的時候，能夠感到這世界曾經因為我們的到來而變得更加美麗，更加美好。

所以，每一個人都應該向自己的四周散播自己的愛心。這就像玩彈力球一樣，你將它們拋出去，它們又會再彈回來。對我們來說，這很容易做到，但是我們的世界卻因此收到了一份珍貴的禮物，我們的生命也就因此而變得非同尋常。

▌當你緊握拳頭，你的手心裡什麼都沒有……

人世間，最艱難也是最愚笨的就是「捨不得」。錢財散了、伴侶離去、親人訣別……你捨得嗎？

—— 捨不得！

是的，捨不得。因為捨不得，我們想方設法去擁有、去留住；因為捨不得，我們怨天尤人地去緬懷、去痛苦。

人之所以捨不得，歸根到底是沒有信心掌控未來，因此拚命地想要抓住今天，享有今天，全不顧及明天。你捨不得今天，如何能有明天？你捨

不得付出，如何有收穫？你捨不得失去，如何有得到？在電影《臥虎藏龍》中，李慕白對師妹說了一句這樣的話：「當你握緊拳頭，你的手心裡什麼都沒有；可是你張開手掌，你卻擁有整個世界。」這句話看似平淡，卻蘊含了深刻的哲理。我們拚命抓住的很多東西，反而成為我們人生旅途的累贅。

佛家對於「捨得」，有一套特殊的見解：有捨才有得。蛇在蛻皮中長大，金在沙礫中淘出。「捨得」既是一種大自然的規則，也是一種處世與做人的規則。捨與得就如水與火、天與地、陰與陽一樣，是既對立又統一的矛盾體，相生相剋，相輔相成，存於天地，存於人生，存於心間，存於微妙的細節，囊括了萬物運行的所有機理。萬事萬物均在捨得之中，達到和諧，達到統一。

是的，「捨」中有「得」、「得」中有「捨」。在理解「捨」與「得」之間的辯證關係時，我們會糊塗起來：到底什麼是「捨」、什麼是「得」呢？—— 很難說清楚是嗎？那麼就糊塗一點吧！在糊塗當中，讓失去的失去，不懊悔、不痛苦；在糊塗當中，讓放下的放下，不勉強、不拖沓。

人生只在取捨之間

先哲云：將欲取之，必先予之。意思是你想要得到，必須捨得付出。你仔細想想，你現在的每一項擁有，不就是伴隨著捨棄而來的嗎？

一個人如果想得到更大的功名，你必須捨得安逸和享受；如果想得到更多的金錢，就必須捨得付出努力；想得到婚姻的美滿，就必須捨得自己遷就和忍讓……什麼都有成本，無非是得到了自己想要的，失去了為此所必須付出的。這便是「捨」與「得」的辯證關係。

人生在世，隨著年歲增加，背上的包袱越發沉重。權勢、地位、金

錢……重負已經壓彎了我們的腰，我們卻捨不得丟下任何。不可否認，作為一個凡夫俗子，我們有著很多的慾望。這沒什麼不好，慾望本來就是人的本性，也是推動社會進步的一種原動力。但是，慾望又是一頭難以駕馭的「猛獸」，它常常使我們對人生的捨與得難以掌握，不是不及，便是過之，於是便產生了太多的悲劇。因此，我們只要真正掌握了捨與得的分寸，便等於掌握了人生的鑰匙、成功的門環。要知道，百年的人生，也不過就是一捨一得的重複。

捨得，便是人人為我、我為人人的人生境界。捨得還是一種時空的轉換，精神和物質的交流，人情和禮節的傳達，是物質世界的「流通」。懂得了「捨」與「得」之間的關係，再面對「捨」時，我們不會再那麼患得患失。因為「捨」是「得」的前提。捨得可以展現在金錢上、名利上，也可以展現在情感上、友誼上，以及日常生活中微不足道的待人接物的小事上。其「捨得」之智慧，與儒家所說的「禮尚往來」也有異曲同工之妙，但它比禮尚往來卻又高了一個層，作為「捨」的一方，有時在其「捨」之初可能不求回報的，而「得」是其施捨之後的自然合理的回饋，卻未必是施捨者之所企盼。譬如，父母對子女的哺乳和撫養之感情；老師對學生的傳道授業解惑之辛。

想要得到太多，終將失去。要想活出精彩，就要懂得輕裝上陣，就要懂得捨棄。捨棄是一種智慧，也是一種境界，懂得捨棄的人往往會有大收穫。「捨得是一種大智慧，是東方禪意中的超然狀態與處世之道。成功永遠是屬於少數人的捨得之後的犒賞。大捨大得，透射出智者豁達的氣度。古往今來，得大成而永載史冊者莫不深諳此道」。

捨得的本意是珍惜

人生苦短，要想獲得越多，就得捨棄越多。那些什麼都不捨棄的人，是不可能獲得他們想要的東西的，其結果必然是對自身生命最大的捨棄，讓自己的一生永遠處於碌碌無為之中。

有位記者曾經採訪過一位事業上頗為成功的女士，請教她成功的祕訣，她的回答是：「捨得」。她用她的親身經歷對此作了最具體生動的詮釋：為了獲得事業成功，她捨棄了很多很多：優裕的城市生活、舒適的工作環境、數不清的假日……

有時，當提議朋友們一起聚會或團體旅遊時，我們常常會聽到朋友類似的抱怨：唉，有時間時沒錢，有錢時又沒有時間。其實，人生是不存在最完美狀態的，你只能在目前的情況與條件下做出你自己的決定。選擇不能拖欠，當你想著等待更好的條件時，也許你已經錯過了選擇的機會。

該放棄時一定要放棄，不放下你手中的東西，你又怎麼會拿起另外的東西呢？

天道吝嗇，造物主不會讓一個人把所有的好事都占全。魚與熊掌不可兼得，有所得必有所失。從這個意義上說，任何獲得都是以捨棄為代價。人生苦短，要想獲得越多，自然就必須捨棄越多。不懂得捨棄的人往往不幸。曾聽朋友說起過他們公司裡一個女人的故事，其人年逾不惑仍待字閨中。不是她不想結婚，也不是她條件不好，錯過幸福的原因恰恰在於她想獲得太多的幸福，或者說，她什麼也不肯捨棄：對於平平者她不屑一顧；有才無貌者她也看不上眼；等到才貌雙全了，自己地位低微又使個人的自尊心受到極大的刺痛……有沒有她理想中的白馬王子呢？也許有，但我猜想，那一定是在天上而不在人間。

每一次默默的捨棄，捨棄某個心儀已久卻無緣分的朋友，捨棄某種投入卻無收穫的事，捨棄某種心靈的期望，捨棄某種思想，這時就會生出一種傷感，然而這種傷感並不妨礙我們去重新開始，在新的時空內將音樂重聽一遍，將故事再說一遍！因為這是一種自然的告別與捨棄，它富有超脫精神，因而傷感得美麗！

　　再說，有些東西，其實是我們想留也留不住的。比如愛情，他來得有時候會很快。走得有時候也會很快。一篇發人深省的文章──女人說：「很想離開他，但每次都捨不得。」

　　兩個人一起的日子久了，要分手也不是一次就可以分得開的。明明下定決心跟他分手，分開之後，卻又捨不得，兩個人就復合了。復合了一段時間，還是受不了他，這一次，真的下定決心要分手了。分開之後，又捨不得。一個月之後，兩個人又再走在一起。

　　女人悲觀地說：「難道就這樣過一輩子？」

　　請相信我，終於有一次，你會捨得。

　　捨不得他，是因為捨不得過去。和他一起曾經有過很快樂的日子，雖然現在比不上從前，但是他曾經那麼好。離開之後又回去，因為捨不得從前。每一次吵架之後，都用從前那段快樂的日子來原諒他。然而，快樂的回憶也有用完的一天。有一天，你不得不承認那些美好的日子已經永遠過去了，不能再用來原諒他。這個時候，你會捨得。

　　有道是：「愛到盡頭，覆水難收。」當愛遠走，無論它是發生在自己或者對方身上，捨得都是唯一的出路。如果因為無法放棄曾經有過的美好，無法放下曾經擁有的執著而捨不得。除非是彈盡援絕、心灰意冷、徹底絕望，心中已經不再有燦爛的火花，甚至連那些燃燒過後的草木灰也沒有了一點溫度。這種時候，想不淡漠都難。有一天當發現對於過去的一切

你都不再在乎，它們對你都變得無所謂的時候，這段愛肯定也就消失了。如果你真的珍惜那份感情，不如捨得放手。這樣還保留了那份美好的情感不至於遍體鱗傷。捨得的本意，是珍惜；放手的真義，是愛惜。愛情是如此，其他的又何嘗不是這樣呢？休別魚多處，莫戀淺灘頭，去時終需去，再三留不住。如果你真的在乎，就大方一點，捨得一些。

第三章　為了飛翔，我們乘著智慧的翅膀

112

第四章

友誼之樹如何開出芬芳的花朵

朋友是把關懷放在心裡，把關注藏在眼底。

朋友是想起時平添喜悅，憶起時更多溫柔。

朋友的可貴不是因為曾一起走過的歲月，朋友最難得分別以後依然會時時想起，依然能記得：你，是我的朋友。

朋友不一定常常聯繫，但也不會忘記，每次偶爾念起，感覺還是溫暖、那麼親切、那麼柔情。

我們可以失去很多，但不能失去的是朋友。朋友也許並不能成為一段永恆，只是你生命中某段時間的一個過客，但因為這份緣起緣滅，更讓生命變得美麗起來，朋友的情感變得更加生動和珍貴。

▌和豺狼生活在一起，你將學會嚎叫

西班牙有一句諺語：「和豺狼生活在一起，你也學會嚎叫」。美國有句諺語說：「和傻瓜生活，整天吃吃喝喝；和智者生活，時時勤於思考。」一個人結交朋友，拓展人際關係，帶給他的絕對不僅僅是牽線搭橋或關鍵時候的出手相助那麼簡單直接。事實上，你的朋友還能決定你的眼光、品味、能力等內在的東西。朋友的影響力非常大，可以潛移默化地影響一個人的一生。身邊朋友的言行，如滴水穿石般地影響著你的思路、眼光、做人的方式與做事的方法。

如孔子在《孔子家語》中說：「與善人居，如入芝蘭之室，久而不聞其香，即與之化矣。與不善人居，如入鮑魚之肆，久而不聞其臭，亦與之化矣。丹之所藏者赤，漆之所藏者黑。所以君子必慎其所處者焉。」

孔子家語這段話告訴人們：周圍環境對人的品行具有重大影響。環境好，就像芝蘭之室，把自己也薰陶香了；環境不好，就像賣鮑魚的店鋪，把自己也薰陶腥了。正所謂「近朱者赤，近墨者黑」。顏之推在《顏氏家

訓‧慕賢》中曾闡述過同樣的道理，他說：「人在少年，精神未定，所與款狎，熏漬陶染，言笑舉動，無心於學，潛移暗化，自然似之；何況操履藝能，較明易習者也。是以與善人居，如人芝蘭之室，久而自芳也；與惡人居，如入鮑魚之市，久而自臭也。墨子悲於染絲，是之謂也。君子必慎交友。」這裡也闡明了環境對人的重大影響，指出朋友之間的言談舉止，用不著有意去互相學習，往往是潛移默化，自然而然地相似起來。所以顏之推告誡家人一定要與品學兼優的人在一起，虛心向他們學習，以加強自己的品德修養，提高自己的學問和技藝。

努力結交卓越之士

《聊齋志異》裡有個河間生的故事，說的是河間生不務正業，交了個狐狸精做朋友。狐狸精天天帶他去吃喝玩樂。一次，他和狐狸精下樓任意取酒客的酒食，唯獨對一個穿紅衣的人避得遠遠的。河間生問狐狸精：「為什麼不去取紅衣人的酒食？」狐狸精說：「這個人很正派，我不敢接近他。」於是，河間生恍然大悟，他想：狐狸精和我交朋友，一定是我走上邪道了，今後必須得正派才是。他才一轉念，狐狸精就跑掉了。

以上故事生動地說明了選擇正派的人交朋友的重要性。俗語說：「近朱者赤，近墨者黑」，就是這個意思。朝夕相處，形影不離的好朋友，一定會在思想、言論、行動和各方面相互影響，這種耳濡目染的力量是絕不能低估的。所以，一個人擇友一定要在「良」字上下工夫。，

當然，「金無足赤，人無完人」，我們選擇的朋友，儘管會有各式各樣的不足，但主流必須是好的。他能與你坦誠相處，道義上能互相勉勵，當你有了過錯能嚴肅規勸你，這種真誠待人的朋友稱之為「摯友」，這種能指出你過錯的朋友又稱為「諍友」，這種能使你對真、善、美的事物更

加嚮往，使你變得更高尚，更富有智慧的朋友，就是你應該尋求的，並使你終生受益的「良友」。與這樣的朋友建立起健康而真摯的友誼，往往成為你通往成功道路上前進的動力。

一個人結交了卓越人士，便能見賢思齊；反之，若結交齷齪之徒，自己難免同流合汙。一如前面所述，人類往往近朱者赤，近墨者黑。

當然，這裡所謂的「卓越人士」，並非是指家世顯赫、地位崇高的人，而是指有內涵、讓世人所稱道的人物。「卓越人士」大致上可分為以下兩大類型：一是指立身於社會主導地位的人們；二是指那些有著特殊才華的人們，如對社會有傑出貢獻的人、才能特殊的人或是知識淵博的學者、才華洋溢的藝術家等。此種傑出絕非憑一個人的喜好所界定，而需經由社會上的認同方可獲得。

我們與優秀的人交往總是會使自己也變得優秀。優秀的品格透過優秀的人的影響四處擴散。「我本是塊普通的土地，只是我這裡種植了玫瑰」，東方寓言中散發著濃郁芳香的土地說。

如果年輕人受到良好的影響和明智的指導，小心謹慎地運用自己的自由意志，他們就會在社會中尋找那些強於自己的人作為自己的榜樣，努力地去模仿他們。與優秀的人交往，就會從中吸取營養，使自己得到長足的發展；相反，如果與惡人為伴，那麼自己必定遭殃。社會中有一些受人愛戴、尊敬和崇拜的人，也有一些被人瞧不起、人們唯恐避之不及的人。與品格高尚的人生活在一起，你會感到自己也在其中得到了昇華，自己的心靈也被他們照亮。

「近朱者赤，近墨者黑」。即使是和平庸的、自私的人交往，也可能是危害極大的，可能會讓人感到生活單調、乏味，形成保守、自私的精神風貌，不利於勇敢剛毅、胸襟開闊的品格的形成。你很快就會心胸狹隘，

目光短淺，原則性喪失，遇事優柔寡斷，安於現狀，不思進取。這種精神
狀況對於想有所作為或真正優秀的人來說是致命的。

　　相反的，與那些比自己聰明、優秀和經驗豐富的人交往，我們或多或
少會受到感染和鼓舞，增加生活閱歷。我們可以根據他們的生活狀況改進
自己的生活狀況，我們可以透過他們開闊視野，從他們的經歷中受益，不
僅可以從他們的成功中學到經驗，而且可以從他們的失敗教訓中得到啟
發。如果他們比自己強大，我們可以從中得到力量。因此，與那些聰明而
又精力充沛的人交往，總會對品格的形成產生有益的影響 —— 提升自己
的才能，提高分析和解決問題的能力，改變自己的奮鬥目標，在日常事務
中更加敏捷和老練。

這些朋友就免了吧

　　一隻蝨子常年住在富人的床鋪上，由於牠吸血的動作緩慢輕柔，富人
一直沒有發現。一天，跳蚤拜訪蝨子。蝨子對跳蚤的個性、來訪目的、是
否對己不利，表現得滿不在乎，只是一味地表示歡迎。牠還主動向跳蚤介
紹說：「這個富人的血是香甜的，床鋪是柔軟的，今晚你可以飽餐一頓！」
說得跳蚤口水直流，恨不得天馬上變黑。

　　當富人進入夢鄉時，早已迫不及待的跳蚤立即跳到他身上，狠狠地叮
了他一口。富人從夢中被咬醒，憤怒地令僕人搜查。伶俐的跳蚤逃走了，
動作遲緩的蝨子成了不速之客的代罪羔羊。蝨子到死也不知道引起這場災
禍的根源。

　　因此，選擇朋友時，要努力與樂觀積極、富於進取心、品格高尚和有
才能的人交往，這樣才能保證你擁有一個良好的生存環境，獲得好的精神
食糧以及朋友的真誠幫助。這正是孔子所說的「無友不如己者」的意思。

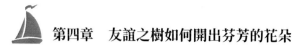

　　相反，如果你擇友不慎，恰恰結交了那些思想消極、品格低下、行為惡劣的人，你會陷入這種惡劣的環境難以自拔，甚至受到「賊友」的連累，成為無辜受難的「蝨子」。

　　哪些人是你應該遠離的呢？

- **志不同道不合的人**：真正的朋友，需有共同的理想和抱負、共同的奮鬥目標，這是兩人結交的基礎，如果兩人在這些方面相差極大，志不同道不合，是很難有相同話題的，人的興趣也必然不同，這樣兩人在交往時只能互相容忍，無法互相欣賞，因此容易造成矛盾。

- **有悖人情的人**：親情、愛情都是人之常情，如果一個人的行為顯示出他在人之常情中處事的態度十分惡劣，那麼這種人是不能交往的。這種人往往極端自私，為達目的不擇手段，並慣於過河拆橋、落井下石，因此，對這種人要保持距離。

- **勢利小人**：如果某人是非常勢利、見利忘義的那種小人，這種人不合適作為朋友。

  勢利小人的一個通病是：在你得勢時，他錦上添花；當你失勢時，他落井下石。他不懂得什麼是真誠，他只知道什麼是權勢。因此，這種人不能交往。

- **兩面三刀的人**：有的人慣於表面一套，背後一套，對這樣的人應該小心對待，更別說跟他交朋友了。

  《紅樓夢》裡的王熙鳳，被人稱為「明裡一盆火，暗裡一把刀」，表面上對尤二姐客套親切，背地裡卻置之於死地，與這樣的人交往時，應多注意他周圍的人對他的反應，與這樣的人在短期交往中很難發現這種性格特徵，但接觸時間久了便會清楚了解。

• **酒肉朋友**：有酒有肉多朋友，急難何曾見一人。古人最不屑這種建立在吃喝之上的朋友關係，而許多現代人卻恰恰以此為榮。

　酒宴只是交友的一種途徑，交友的途徑是很多的，街中偶遇可以結交一個摯友，鄰座而識也能成就友誼，甚至仇人相爭也能不打不相識而打出友誼。舉酒相敬只是最傳統的一種交友方式，在吃喝的過程中相互地了解，在此過程中能展現自我、坦誠相待，給人一個較為真實、誠懇、有才華的形象，有時也能在三杯兩盞淡酒後聊出情義。但如果僅是一味以酒相邀，以為讓對方吃飽喝足方顯我誠心誠意，或者喝得我倒在你面前才表我心誠意切，這不會有多少人會真正以你為友，最多只會在三日不見肉味時才會想起你。酒肉可以幫助我們結識朋友，但僅靠酒肉維繫的肯定不是真朋友。

▌把你看透了還能喜歡你的，是知心朋友

　當我們把一個人「看透了」，通常就是「決裂」的潛臺詞。

　「我把你看透了！」當你的朋友這麼對你說時，往往是絕交的宣言。而如果這句話出自於戀人，十有八九是分手的聲明。

　世上沒有完人。因此一個人一旦被另一個人「看透了」，身上的缺點必然暴露無遺。缺點暴露，就不那麼可愛了。這也是為什麼「看透」經常與「決裂」結伴的原因。不過，有一種朋友，就算他（她）把你看透了，也不會和你決裂。這種朋友可謂你難得的知心朋友。

　知心朋友在一起並不一定有聊不完的話題，而是坐在一起就算不說話也不會感到尷尬的人。知心朋友就是把你看透了，還能喜歡你的人。換句話說，就是：那些深入了解了你的缺點還願意和你成為好朋友的人，是你的知心朋友。

世界上很多夫妻、朋友，都是因為彼此「看透了」而分手。如果你有一個「看透了」你卻仍然和你保持良好的關係的朋友，請你一定要珍惜他（她）。因為，他（她）是你不可多得的知心朋友。能夠擁有一個知心朋友，真是人生的一大幸事。

如何把人看得更清

　　交友不慎，多緣於沒看清「朋友」的真面目。所以，常有被朋友害慘了的人氣憤地訴說：我當時真是瞎眼了！

　　看人是一門很高深的學問，據說有人從對方的走路方式和表情，就可判定這個人的性情。如果你也有這種功夫，那麼就不會怕碰上心術不正的「壞人」了，不過那種看人的功夫需要「高深的修行」，並不是人人都可以煉就那種火眼金睛。可是我們每天都要和許多不同性情的人共事、交往、合作，對「看人」沒有一點研究怎麼行？

　　不過你千萬別把書上看來的那一套面相學搬到現實生活中使用，因為這會使你看錯人，把好人當成壞人，或是把壞人看成好人。把好人看成壞人就已經錯了，但把壞人看成好人，那就是錯上加錯了！

　　那麼我們應如何看人呢？

◆　用「時間」來看人

　　所謂用「時間」來看人，是指長期觀察，而不是在見面之初就對一個人的好壞下結論。因為太快下結論，會因你個人的好惡而發生偏差，影響你們的交往。另外，人為了生存和利益，大部分都會戴著假面具，和你見面時便把假面具戴上，這是一種有意識的行為。這些假面具有可能只為你而戴，而演的正是你喜歡的角色，如果你據此判斷一個人的好壞，並進而決定和他交往的程度，那就有可能吃虧上當。用「時間」來看人，就是在初見面後，不

管你和他是「一見如故」還是「話不投機」，都要保留一些空間，而且不摻雜主觀好惡的感情因素，然後冷靜地觀察一段時間對方的作為。

一般來說，人再怎麼隱藏本性，終究還是要露出真正面目的，因為戴面具是有意識的行為，久了自己也會覺得累，時間久了在不知不覺中會將假面具拿下來，就像演員，一到後臺便把面具拿下來。面具一拿下來，真性情就出現了。可是他絕對不會想到你在一旁冷靜地觀察他。

用「時間」來看人，你的同事、夥伴、朋友，一個個都會「現出原形」。你不必去揭下他的假面具，他自己會揭下來向你呈現真面目。

所謂「路遙知馬力，日久見人心」，用「時間」來看人，正暗合了上述諺語。

一般用「時間」特別容易看出以下幾種人：

· **不誠懇的人**：因為他不誠懇，所以會先熱後冷，先密後疏，用「時間」來看，可以看出這種變化。

· **說謊的人**：這種人常常要不斷用謊話去圓前面所說的謊言，而謊言說久了，就會露出首尾不能兼顧的破綻，而「時間」正是檢驗這些謊言的利器。

· **言行不一的人**：這種人說的和做的是兩回事，但時間一長，便可發現他的言行不一。

事實上，用「時間」可以看出任何類型的人，包括小人和君子。

至於多久的時間才能看出一個人的真性情，這沒有一定的標準，完全因情況而異，也就是說，有人可能第二天就被你識破，有人兩三年了卻還「雲深不知處」，讓你摸不清楚。因此在陌生的異鄉與陌生的人交往，千萬別一頭熱，寧可後退幾步，給自己一些時間來觀察，這是最起碼的保護自己的方法。

◆ 用「打聽」來看人

用「時間」來看人固然有其可靠之處，但有時也會緩不濟急 —— 明明過幾天就要決定和某個人合作，可是又不知其為人如何，用「時間」來觀察，哪來得及啊？

碰到這種情形，有人完全憑直覺，認為好就是好，不好就是不好。

關於直覺，有的人相當準確，這是一種很微妙的心靈現象，很難去解釋，不過還是勸你少用「直覺」去看人，哪怕你過去的直覺經驗是準確的 —— 過去的經驗準確並不代表以後每次也都很準確。因為人的生理、心理狀況會受到當時環境的影響，有可能你的直覺受到了干擾，在這種情況之下若還依賴直覺，那是很危險的。

比較可靠的辦法是 —— 到處打聽看看。

人總是要和其他人交往，同時本性也會暴露在不相干的第三者面前。也就是說，他不一定認識這第三者，可是第三者卻知道他的存在，並且觀察了他的思想和行為。人再怎麼戴假面具，在沒有舞臺和對手的時候，這假面具總是要拿下來的，所以很多人就看到了他的真面目；而當他和別人交往、合作時，別人也會對他留下各種不同的印象。因此你可向不同的人打聽，打聽他的為人、做事和思想。每個人的答案都會有出入，這是因為各人好惡有所不同的原因。你可把這些打聽來的訊息彙集在一起，找出交集最多的地方和次多的地方，就可以大概了解這個人的真性情，而交集最多的地方，差不多也就是這個人性格的主要特色了 —— 如果十個人中有九個說他「壞」，那麼你就要小心了；如果十個人中有九個說他「好」，那麼和他往來應該不會有大問題。

不過打聽也要看對象，向他的密友打聽，你聽到的當然都是好話；與他的「敵人」打聽，你聽到的當然壞話較多。最好能多問一些與之無利害

關係的人，他的朋友、同事、同學、鄰居，誰都可以問，重要的是，要把問到的情況綜合起來分析，不可光聽某個人的話。

當然，打聽也要有技巧，問得太直白，會引起對方的戒心，不會告訴你真話，最好用聊天的方式，並且拐彎抹角地問。這種技巧需要磨練。

此外，你也可以看看對方交往的都是哪些人。

人們常說「物以類聚，人以群分」，意思是什麼樣的人就喜歡和什麼樣的人在一起，因為他們價值觀相近才相處得起來。一般來說性情耿直的人就和投機取巧的人合不來，喜歡酒色財氣的人也絕對不會跟自律甚嚴的人成為好友。觀察一個人的交友情況，大概就可以知道這個人的性情了。

除了交友情況，也可以打聽他在家裡的情形，看他對待父母如何，對待兄弟姊妹如何，對待鄰居又如何。如果你得到的是負面的答案，那麼這個人你必須小心，因為對待自家人都不好了，他怎可能對你好呢？若對你好，絕對是另有所圖。

如果他已結婚生子，那麼也可看他對待妻子兒女如何，對待妻子兒女若不好，這種人也必須提防。若你觀察的是女孩子，也可看她對待先生和孩子的態度，這些道理都是一樣的。

◆ 用「投其所好」來看人

看人的竅門很多，也不是人人能懂，但有一則《伊索寓言》裡的故事卻很值得參考。故事是這樣的：

有一個王子養了幾隻猴子，他訓練牠們跳舞，並給牠們穿上華麗的衣服，戴上人臉的面具。當牠們跳起舞來時，逼真得像人在跳舞一樣。有一天，王子讓這些猴子跳舞，供朝臣們觀賞，猴子的精彩演出獲得滿堂的掌聲。可是其中有一位朝臣故意惡作劇，丟了一把堅果到舞臺上去。這些猴

子看見了堅果，紛紛揭掉面具，搶食堅果，結果一場精彩的猴舞就在朝臣的嘲笑中結束。

這一則寓言說明了猴子的本性並不因為學習舞蹈和戴上面具而改變，猴子就是猴子，看到堅果就原形畢露。

如果把人比成這故事中的猴子，人不是也戴著假面具在人生的舞臺上表演嗎？因此小人戴上面具，會讓你誤以為是君子；惡人戴上面具，會讓你誤以為是善人；好色之徒戴上面具，會讓你誤以為是柳下惠。真是令人防不勝防！

我們為人處世，雖然要求不害人，但防人之心卻不能沒有，因此識破假面具的功夫也就不能不學習一些了。我們不妨用前述寓言中的道理來看人，那就是 —— 投其所好！

猴子不改其好吃堅果的本性，因此看到了堅果，就忘了牠正在跳舞娛人。人的表現雖然不會像猴子那麼直接，但不管他怎麼偽裝，碰到他心儀的東西，他總會無意識地顯現他的真面目。因此好色的人平時道貌岸然，但一看到漂亮的女性就會兩眼色迷迷，言行失態；好賭的人平時循規蹈矩，但一上牌桌就廢寢忘食，欲罷不能。不是他們不知道顯露這種本性不好，而是一看到所好之事或所好之物就忍不住要掀掉假面具 —— 就像那群猴子。

在現實中，你可以主動地「投其所好」，倒不是先了解其「所好」再「投之」（因為若先了解其「所好」，就不用費心了），而是在刻意安排的情境中去了解其所好。譬如說，如果你想了解某個人的喜惡性，可主動安排，若某人真的有某方面的喜好，假面具至少要掀掉一半，甚至忘形到忘了他應該扮演的「角色」，赤裸裸地露出真面目。而你便可以從其表現來推斷他其他方面的性格，作為與他來往的參考。有些商人就是用這種方

法來掌握客戶的。

如果你沒有能力安排各種情境，那麼也可以利用各種機會趁機觀察其所好。這種觀察比刻意安排的更為深刻有效，因為你觀察的對象沒有防備，真面目會顯現得相當徹底。

用「投其所好」來看人雖然不一定能看出他是君子或小人，但卻可以看出人品，而人品會影響他的行事、判斷和價值觀，甚至影響他為善或為惡的抉擇。無論是交朋友、找合作夥伴或共事，這都是一項重要的參考。

別用自己的標準去要求別人

朋友看透你了，還把你當成朋友。你看透你的朋友了，如果對方沒有什麼原則上的問題，也應該把其當成朋友。畢竟，世上不存在完人。此外，你還要注意的是：不要用自己的標準去要求你的朋友。尊重對方、求同存異才是最好的交友方式。

一隻鸚鵡與一隻烏鴉被關在一個鳥籠裡，鸚鵡覺得自己很委曲，竟和這麼一個黑毛怪物在一起：「多麼黑多麼醜啊！多難看的樣子，多呆板的面部表情啊！如果誰在早晨看牠一眼，這一天都會倒楣的。再沒有比和牠在一起更令人討厭的了。」

同樣，烏鴉和鸚鵡在一起也感到不愉快。烏鴉抱怨自己怎麼竟和這麼一隻令人難受的花毛傢伙在一起。烏鴉感到傷心和壓抑：「怎麼穿了一件這麼花俏的衣服！瞧那張醜陋的嘴，居然還說些不知所云的話！吃東西的樣子也不雅，看見人來就獻媚……」

烏鴉和鸚鵡可以說都是悲劇性的角色，作為禽類，本為同處困境，為何總是感覺對方「醜陋」呢？──這是因為牠們是在用自己的標準去要求他人。

別人都有自己的一套處世方式與原則，我們沒有必要用嚴苛的眼光來要求朋友。

當今社會是一個愈來愈開放的時代，各人都有各人的獨特之處。有人喜歡在鼻子上吊個環，有人喜歡穿露臍裝……也許你不會這樣做的，但是要知道，不能因為自己不這樣做而厭惡、攻擊他人的做法。規矩是自己制訂的，那就自己遵守好了，千萬不要用此規矩去要求他人。否則，會在人際關係中處於孤立狀態。

▎關心你飛得累不累的人是你的好朋友

「當大部分人都在關注你飛得高不高時，只有少部分人關心你飛得累不累 —— 這就是你的好朋友！」

—— 以上是從網路摘錄下來的一句話。讀到這句話時，編者可謂感慨良多。什麼樣的朋友才算得上好朋友？判斷的標準自古以來有很多，其中最有名的莫過於明代名士蘇浚的劃分法。他在《雞鳴偶記》中這樣說：「道義相砥，過失相規，畏友也；緩急可共，死生可托，密友也；甘言如飴，遊戲徵逐，昵友也；和則相攘，患則相傾，賊友也。」

蘇浚認為：在道義和學業上互相砥礪，對缺點、錯誤直言規勸的叫畏友；平時無論什麼情況之下都以心相交、相處甚歡，到了關鍵時候能夠生死與共的叫密友；甜言蜜語互相吹捧、只講吃喝玩樂的叫昵友；有利時和你稱兄道弟，當你遇到困難或不幸時非但不伸手相助反而落井下石的叫賊友。

和蘇浚的朋友劃分標準相比，網路上用「高不高」與「累不累」來劃分顯然更符合現代氛圍 —— 簡單、直接、有效。其中所謂的「高」，指的是外在的。

一個朋友與半個朋友

　　從前有一個仗義之人，廣交天下英雄豪傑。他臨終前對兒子講，別看我自小在江湖闖蕩，結交的人如過江之鯽，其實我這一生只交了一個半朋友。

　　兒子納悶不已。他的父親就貼在他的耳朵邊交代一番，然後對他說，你按我說的去見見我的這些朋友，朋友的含義你自然就會懂。

　　兒子先去了他父親認定的「一個朋友」那裡，對他說：「我是某某的兒子，現在正被朝廷追殺，情急之下投身你處，希望予以搭救！」這人一聽，不假思索，趕快叫來自己的兒子，喝令其速速將衣服換下，穿在眼前這個素未相識的「朝廷要犯」身上，而自己兒子卻穿上了「朝廷要犯」的衣服。

　　兒子明白了：在你生死攸關時刻，那個能為你肝膽相照、甚至不惜割捨自己親生骨肉搭救你的人，可以稱作你的一個朋友。這就是「一個朋友」的選擇。

　　兒子又去了他父親說的「半個朋友」那裡。把同樣的話敘說了一遍。這「半個朋友」聽了，對眼前這個求救的「朝廷要犯」說：「孩子，這等大事我救不了你，我給你足夠的盤纏，你遠走高飛快快逃命，我保證不會向官府告發……」

　　兒子明白：在你患難時刻，那個能夠明哲保身、不落井下石加害你的人，也可稱作你的半個朋友。這也是「半個朋友」的選擇。

　　現代人喜歡交際，廣交朋友。一般的人，見過幾次面便可稱兄道弟，相互為友。當然，這種朋友比起那種「患難之交」、「刎頸之交」和「君子之交」來，其友情的含金量似乎要差得多。尤其在商業社會，很多人的友情是建立在共同利益之上的，一旦失去了某種利益，他們的友情也會

127

隨之消失。在商場上，「朋友」間相互利用和陷害的例子並不少見，社交場合也是如此。因此，我們可以將自己的朋友分個等級，然後決定如何交往，這樣一則保護了自己，二則不會使友情受到傷害。

也許你會說，我交朋友都是一片誠心，不會利用朋友，也不會欺騙朋友，但你是如此，就能保證他人也和你一樣嗎？別人是否也對你一片誠心，還是有著某種目的？如果你早知某人心存惡意，不夠誠懇，那你還能對他推心置腹嗎？這樣豈不害了自己！

所以，在不得罪「朋友」的情況下，你可以將自己的朋友歸個類，在自己的心中把朋友分出不同的層次，這種層次由高到低應這樣分類：一是刎頸之交；二是推心置腹之交；三是生意往來之交；四是酒肉之交；五是泛泛之交。

分出這些等級之後，然後根據不同的等級決定自己和對方交往的密切程度以及感情的深度。這樣既可避免浪費自己的感情，也可保護自己免受傷害，甚至被人欺騙利用！

其實把朋友分等級也並不容易，因為人們的主觀上都有好惡之感，有時會把他人的一片誠心當成一肚子壞水，也會把凶狠的狼看成友善的狗，甚至在旁人提醒時還不能發現自己的錯誤，非等到被「朋友」害了才大夢初醒。所以，要十分客觀地將朋友分等級是很難的，但面對複雜的人際關係，你非得勉強自己把朋友分等級不可。交友時有了這種心理準備，就會比較冷靜客觀，盡量減輕傷害！

有些人生性好交友，性格耿直，而且感情豐富，要他們把朋友分出「等級」來，這確實比較困難，因為這種人往往在對方尚未把他當朋友時就早已投入感情，而且他覺得把朋友細分等級，自己會內心有愧。不過，任何事情都要經過學習與磨練，慢慢培養這種習慣，等你到了一定年紀，

生活的閱歷比較豐富了，頭腦不再衝動，不用他人提醒，自然會把朋友分出等級了。

如果你確實很難將朋友分等級，或者你覺得沒必要分得那麼清楚，那也可做個簡單劃分，如「可深交級」和「不可深交級」。對於可深交之友，你可以和他分享一切；對不可深交者，則應保持一定的距離。交往之中你可能還看不透一個人，但可以看出一個人的人品，而人品會影響他的行事、判斷和價值觀，無論是交朋友，還是找合作夥伴或共事者，這都是一項重要的參考！

真誠地付出你的關懷

曾經年少愛追夢，一心只想往前飛。其實，追夢不分年少與否。不再年少的你我，又何嘗不是仍走在一條追夢的道路上。生命不息，追夢不止，我們每天都是在路上。

飛翔的日子，總是很高，可以俯視眾生，也有心裡的孤寂或苦楚、疲憊。因此，在你的朋友展翅飛翔時，同樣，你更應該關注他飛得累不累，而不是飛得有多高。真誠的關懷，是獲得朋友回報真誠關懷的最佳途徑。

紐約電話公司曾作過一項統計，想找出人們在通話中使用頻率最高的那些字。結果正如人所料，是「我」字，在 500 個取樣的電話錄音中，單單是「我」這個字，就被用了 3,990 次之多。

不論是任何一個人，屠夫也好，國王也好，誰都喜歡受到別人的推崇、愛戴。第一次世界大戰結束後，德國威廉二世（Wilhelm II）因慘遭戰敗，而受到舉國上下的厭惡、唾棄。正當他萬念俱灰，意欲亡命荷蘭時，卻收到了一名純稚少年的來信，並在信中表示：「不論他人作何想法，我永遠敬愛您的偉大。」

威廉感動之餘，忙發函要求與此少年親見一面，並因而娶了該少年的母親為妻。

如果我們真想交朋友，就該摒棄自我，全心全意去為別人做些事情。人際溝通專家卡內基有一個很好的方法：他查出一些好友的生日，為了不被對方發現自己的動機，他經常都是拿星座當藉口，假裝要替對方算命，以套出其生日。並趁對方不注意時，將其出生年月日記在筆記本上，回家後再抄到另一個本子上。然後每年都依照日期，寄賀卡和電報，這常常使他們感動不已。

要想結交朋友，就該推心置腹，以全部的熱誠對待朋友。即使只是打電話，當你拿起電話的第一聲「喂！」就該讓對方感覺到你是多麼樂意接到對方的電話。

美國哈佛大學校長查爾斯‧艾略特（Charles Eliot）博士之所以能成為一個傑出的大學校長，也是因為他無限地關懷別人。一天，一個名叫克蘭頓的大學生到校長室申請學生貸款，被批准了，克蘭頓萬分感激地向艾略特道謝。正要離開時，艾略特說：「有時間嗎？請再坐一下子。」接著，學生十分驚奇地聽到校長說：「你在自己的房間裡親手做飯吃，是嗎？我上大學時也做過。我做過牛肉獅子頭，你做過沒有？要是燜煮得夠爛，這可是一個很好吃的菜呢！」接下來他又詳細地告訴學生怎樣挑選牛肉，怎樣用文火慢煮，怎樣切碎，然後放冷了再吃。「你吃的東西必須有足夠的分量。」校長最後說。了不起的哈佛大學校長！有誰會不喜歡這樣的人呢？

每一個人都有「希望自己被別人關懷」的欲求。這種人性關懷，會衍生出良好的人際關係，產生好幾倍的強大力量，這種力量就能招來成功。而早在耶穌基督誕生前 100 年，就曾有一名羅馬詩人說過：「只有付出我們的關懷，別人才有可能反過來關懷我們。」

要接近你的朋友，更要接近你的敵人

為你的難過而快樂的，是敵人；為你的快樂而快樂的，是朋友；為你的難過而難過的，就是那些該放進心裡的人。那些與你共過患難的人，是你最值得珍惜的人。

只是，敵人和朋友之間，並沒有絕對的界限。

西元 1900 年代初，美國有一位年輕商人兼政治家叫皮亞，他對一位知名的大企業家漢拿非常不滿意，甚至接連兩次拒絕與他見面。

那時，漢拿即將成為聞名於世的大人物，要做某政黨的政治領袖了。但是在年輕的皮亞看來，漢拿只不過是個「壞蛋」，一個地方上的「政治魁儡」罷了。他每次看見報紙對漢拿的稱頌，沒有一次不搖頭痛罵。

後來漢拿的朋友對他說，你最好還是和皮亞會晤一次，消釋彼此的偏見。於是，在一個擁擠的旅館客房裡，漢拿被引到一個沉靜的穿灰外套的年輕人面前，那人坐在椅中並沒有主動問候進來的人。

待友人介紹：「這位就是皮亞先生……」之後，漢拿對皮亞說了很多話。

出乎皮亞意料的是，漢拿對於皮亞的事情瞭如指掌，他談了許多關於他父親擔任法官的事情、關於他伯父的事情以及關於他自己對於政治綱領的意見。漢拿說：「哦，你是從奧馬哈（Omaha）來的嗎？令尊不是法官嗎？……」年輕的皮亞感到相當驚訝。漢拿又說：「哦，你父親曾幫助我的朋友在煤油生意上挽回了一大筆損失呢！……」說到這裡，漢拿突然冒出一句感慨：「有許多法官知識淵博、思路敏捷，他們的能力遠遠勝於普通的企業家呢。」接著又說：「你有一位伯父在休士頓（Houston）嗎？讓我想一想……現在你能對我說說，你對於那政治綱領還有什麼意見？」

此時這位年輕政治家皮亞已完全改變了對漢拿的看法，他像面對一個自己熟悉的朋友一樣侃侃而談，氣氛輕鬆和諧。當談話結束的時候，他的喉嚨已有些乾澀。就這樣，漢拿以他寬廣的胸懷和平易近人的態度結交了一個新的忠誠的朋友。

　　從此之後，皮亞最大的興趣，就是與這個他曾經非常憎恨的漢拿做朋友，並且忠心耿耿地為他服務。

　　我們經常會碰到所謂的「敵人」。他們有的高高在上，目中無人，似乎對你充滿敵意；有的人成天牢騷滿腹，怨天尤人；有的人對你的工作吹毛求疵，百般挑剔；有的人淺薄無聊，充滿低級趣味……如果和這些人只是偶爾相處倒也罷了，問題是有時你會被迫長時間地和他們交往、相處和共事，在這種情況下，你的煩惱是可想而知的，如何對付這些「敵人」的確可稱得上是一門藝術了。

　　事實上，我們的生活與工作中其實並沒有真正的敵人。如果你感覺有的話，只是因為你處世的功夫還不夠高。那些大智若愚的人，往往能與難相處的各種人結成朋友。這樣，不但可以提高自己的聲譽，博得心胸寬廣的美名；更重要的是，他積累了別人難以得到的人脈資源，為自己事業的發展開拓了無限寬廣的道路。

擁抱有仇與你的人

　　與人交往，總會有磨擦，總會遇到使自己不愉快的人。任意發洩情緒固然痛快，但卻會因此得罪於人，無意中為自己樹立了敵人。要想擁有「人和」的氛圍，有些時候，應該像聖經上說的那樣：擁抱你的『仇人』』那樣大度。

　　有一部電影描述了一個這樣的故事：

美國西部拓荒時期，一位牧場的主人因為全家大小被土匪槍殺，因而變賣牧場，從此浪跡天涯尋找復仇機會。

家破人亡的深仇大恨誰都想報，可是當這牧場主人花了十幾年的時間找到凶手時，才發現那位凶手已年老體衰、重病纏身，躺在床上毫無抵抗能力，他用虛弱的聲音請求牧場主人給他致命的一槍，牧場主人把槍舉起，又頹然放下。

牧場主人沮喪地走出破爛的小木屋，在夕陽照著的大草原中沉思，他喃喃自語：「我放棄了一切追求，虛度幾十年寒暑，如今找到了仇人，我也老了，報仇又有什麼意義呢……」

電影的故事是人編寫的，但編劇者根據的也是現實生活，這雖然是電影故事，但提供給人們深刻的反思，而這反思也就是我們強調的「有仇不報是君子」的道理。

首先來看看一個人要「報仇」所需的投資。

- **精神的投資**：每天計畫「報仇」這件事，要花費很多精神，想到切齒之恨處，精神情緒的劇烈波動，更有可能影響到身體的健康。
- **財力的投資**：有人為了「報仇」而耽誤了一輩子的事業，大有「玉石俱焚」的味道，就算不放下一輩子的事業，也要花費不少的精力、財力做部署的工作。
- **時間的投資**：有些「仇恨」不是說報就能報，三年、五年、八年、十年、甚至二十年、四十年都有可能報不成，就算報成了吧！自己也年華老去了。

由於「報仇」之事投資頗大，而且還不一定報得成，而不管報得成或報不成，只要「報仇」，你不只心動而且行動，那麼自己都要「元氣」大

傷，因此我們還是主張「有仇不報」。

　　一個成熟的人、有智慧的人知道輕重，知道什麼東西對他有意義、有價值，「報仇」這件事雖然可消「心頭之恨」，但「心頭之恨」消了，也有可能失去了自己，所以「君子」有仇不報。

　　人和動物有些方面是不同的，動物的所有行為都依其本性而發，屬於自然的反應；但人不同，經過思考，人可以根據當時需要，做出各種不同的行為選擇，例如 —— 學會「愛」你的仇人。

　　擁抱你的仇人，這是件很難做到的事，因為絕大部分人看到仇人都會有滅之而後快的衝動，或環境不允許或沒有能力消滅對方，至少也會維持一種冷漠的態度，或說說讓對方不舒服的嘲諷話，可見要擁抱仇人是多麼難。

　　就因為難，所以人的成就才有高有低，有大有小，也就是說，能當眾擁抱仇人的人，他的成就往往比睚眥必報的人高大。

　　為什麼這麼說？

　　能擁抱自己的仇人的人是站在主動的地位，採取主動的人是「制人而不受制於人」，你採取主動，不只迷惑了對方，使對方不了解你對他的態度，也迷惑了第三者，不了解你和對方到底是敵是友，甚至都有誤認你們已「化敵為友」。可是，是敵是友，只有你心裡才明白，但你的主動，卻使對方處於「接招」、「應戰」的被動態勢，如果對方不能擁抱你，那麼他將得到一個「沒有器量」之類的評語，一經比較，二人的分量立即有輕重。所以當眾擁抱你的仇人，除了可在某種程度之內降低對方對你的敵意，也可避免惡化你對對方的敵意。換句話說，為敵為友之間，留下了條灰色地帶，避免敵意太過明顯，反而阻擋了自己的去路與退路。地球是圓的，山不轉水轉，天涯無處不相逢。

此外，你的行為，也將使對方失去再對你攻擊的立場，若他不理你的擁抱而依舊攻擊你，那麼他招致他人的譴責。

而最重要的是，擁抱你的仇人這個行為一旦做了出來，久了會成為習慣，讓你和人相處時，能容天下人、天下物，出入無礙，進退自如，這種大智若愚的處世方法正是成就大事業的本錢。

所以，競技場上比賽開始前，二人都要握手敬禮或擁抱，比賽後也一樣再來一次，這是最常見的當眾擁抱你的仇人 —— 競爭對手。

擁抱你的仇人這是為人處世中最難的一課。連仇人都可以擁抱，還有什麼不可放下，還有什麼人不能擁抱？擁有這種氣量的人，他本身就已經具有很大的能量。鑄劍為犁，化敵為友，如果通不過這一關，我們始終進不了遊刃有餘的人際關係最高境界。

以德報怨，贏得人心

把敵人變成朋友，遠比簡單的寬恕敵人要高明得多。減少一個敵人，我們會放下一袋仇恨的垃圾，減少一份敵對的阻力；增加一個朋友，我們就能收穫一份友誼，得到更多幫助。而化敵為友，無疑是一種雙重的利好。

戰國時，梁國與楚國相界，兩國在邊境上各設界亭，亭卒們也都在各自的地界裡種了西瓜。梁亭的亭卒勤勞，瓜秧長勢極好，而楚亭的亭卒懶惰，瓜秧又瘦又弱，與對面瓜田的長勢簡直不能相比。楚亭的人覺得失了面子，有一天夜裡偷跑過去把梁亭的瓜秧全給扯斷了。

梁亭的人在次日面對滿目狼藉的瓜田，氣憤難平，連忙報告給邊縣的縣令宋就，請求縣令組織人力去扯楚亭的瓜秧。宋就說：「他們這樣做真的太卑鄙了！不過，既然我們不願他們扯我們的瓜秧，為什麼我們要反過

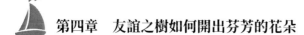

去扯他們的瓜秧呢？別人做得不對，我們再跟著學，那就太狹隘了。你們聽我的話，從今天起，每天晚上去給他們的瓜秧澆水，讓他們的瓜秧長得好。而且，你們這樣做，一定不可以讓他們知道。」

梁亭的人聽了宋就的話後，勉強地答應了並照辦。楚亭的人在不久後，發現自己的瓜秧長勢一天好過一天。他們感到奇怪，便暗中觀察，發現居然是梁亭的人在黑夜裡悄悄為他們澆水。楚亭人羞愧難當，將此事報告楚國邊縣的縣令。楚縣令聽後感到十分的慚愧又敬佩，把這件事報告了楚王。楚王聽說後，也感於梁國人修睦邊鄰的誠心，特備重禮送梁王，既以示自責，亦以示酬謝。結果，這一對敵國成了友好的鄰邦。

老子在《道德經》中云：「是以聖人去甚、去奢、去泰」。大意是：因此聖人要去掉極端的、奢侈的、過分的東西。老子看問題總是那麼深刻、那麼透澈：越是雄心勃勃、耀武揚威欲取天下者，越是得不到天下。只有能夠以德服人、以德報怨，才能夠得人心，進而得天下。

楚莊王有一次設晚宴招待群臣，忽然蠟燭燃盡熄滅了，竟然有一位色膽包天的大臣趁暗中混亂，拉扯勸酒的王妃衣袖，結果被王妃扯掉了帽纓。楚莊王聽了王妃的申訴，並沒有追查那拉王妃衣袖的人，而且為了給這個人臺階下，他讓群臣趁蠟燭尚未點燃，肇事者身分不明之時，全部摘去帽纓，從而保全了這位大臣。此種寬厚，怎能不叫當事者感激涕零？

後來在楚國進攻鄭國的戰役中，有一位戰將表現甚為勇猛，楚莊王感到奇怪，因為自己對這名大臣並非十分寵愛，他怎麼會這樣為自己賣命呢？後來經詢問才知，此人就是那位被扯去帽纓者。他十分感激當初楚莊王不追究調戲王妃之事，為了報恩，所以奮不顧身地殺敵，為國效勞，以此為回報。

看來寬厚是最能贏得人心的，楚莊王「以德報怨」，那位戰將又「以

德報德」的故事，千百年來被傳為佳話，讓楚莊王名傳千古，人人稱頌。

在現代社會中，「以德報怨」仍然發揮著巨大的、不可替代的作用。李‧鄧納姆（Lee Dunham）成功地在犯罪猖獗的哈萊姆黑人住宅區經營起了麥當勞，「以德報怨」的做事方式造成了關鍵性的作用。

以上幾個事例讓我們明白一個恆久不變的真理：從古至今，凡是胸襟寬大者、有大家風範者，都能夠對人「以德報怨」。這樣做，從眼前來看，似乎有「忍氣吞聲」的嫌疑。不過，從長久的利益來看，這樣做的好處就太大了。能夠「以德報怨」的人，才能夠得人之心，才能夠成大事、得天下。

你只要跨出第一步，他就會朝你走九十九步

人家常說：「在家靠父母，出外靠朋友。」一點都沒有錯，你所結交的朋友，對你的成功有絕對的影響力。然而，一般人在交友問題上都是非常被動的，他們不會主動地跟別人打招呼，更不會主動去結識一些新朋友，即使到了一個新的社交場合，他也只是站在那裡，等待別人來問候他，這樣是沒有辦法成功的。

你只要跨出第一步，別人就會朝你走九十九步。當代最偉大的籃球巨星麥可‧喬丹（Michael Jordan）說過一句話：「我不相信被動會有收穫，凡事一定要主動出擊。」可是，有85%以上的人都是被動的，如果你能採取主動，你就可能掌握整個局面。所有的經驗都會告訴大家：「要不斷地主動進攻。」因為只有進攻，才會有成功的機會，如果你整天躲在家裡不出門的話，你的機會一定會比別人減少了許多。

把幫助別人當成習慣

先從我們身邊的朋友開始，看看有哪些朋友需要你的幫助，我們一定要主動出擊，相信這一定會帶給你意想不到的收穫。同時，當我們主動去幫助別人的時候，內心將會產生一股非常大的成就感，我們會覺得生命非常有意義、有價值，因為我們不斷地付出，不求回報，這就是人生快樂的源泉。難道我們沒有聽說過，「人生以服務為目的」、「助人為快樂之本「嗎？

誠如卡內基所說：如果我們想結交朋友，就要先為別人做一些事——那些需要時間、精力、體貼和奉獻才能做到的事。

永遠不要吝惜伸出你的手；也永遠不要躊躇接受別人伸出的手。當我們碰到失意的人，可以給他一些知識上的啟發，讓他儘快走出困境；當我們看到一個頗有成就的人，可以向他討教成功的經驗。

有這樣的一個故事，一個人陷進了沼澤地中，只剩下頭還在泥沼上面露著。他扯開嗓子，用盡氣力呼喊救命。不久，一群人先後來到了出事地點。有個人打算救出這可憐的人，「把你的手伸給我，」他向陷入泥沼中的人喊，「我要把你拉出來。」可那人陷在泥中，只是拚命地喊叫，卻絲毫動彈不得。「把你的手伸給我！」上面的人又喊了幾次，但下面的人只知道喊救命。這時旁邊的一個人走過來說：「你難道沒看見他永遠不會伸出手來給你嗎！你應該把你的手伸給他，那樣你才能救他。」

所有的人都需要別人的幫助，然而，許多人不想幫助別人，也從不喜歡主動去幫助別人。可是，成功的人都把幫助別人當作一種習慣，他們樂於幫助別人，也善於幫助別人，並把經常幫助別人作為生活中的樂趣，一旦他有需求的時候，別人會主動來幫助他。

要把幫助別人當作一種習慣，樂於幫助別人，只有這樣，一旦你有需要幫助的時候，別人就會主動來幫助你。當然，你幫助別人的目的，並不是要求得到回報，而是你有能力為他人、為社會多付出、多貢獻一點。有了這樣的心態，你的朋友何愁不多，人脈何愁不廣！

朋友間要適時走動

人們一直都在忙於自己的事，為生活而四處奔波，很難抽出一些時間陪父母聊天、談心。除了陪父母外，我們還應該抽出時間和身邊的人連繫、接觸。那些冷若冰霜、老死不相往來的人是不可能擁有屬於自己的朋友圈子。只有大家之間不斷的往來，才能促進彼此之間訊息的傳遞，感情的交流和更深入地了解。

朋友之間真摯的友情也要靠互相連繫來維繫的。互相連繫的方法有許多，禮尚往來、彼此交流等，在這其中最普遍、最有人情味的一種是有空常去坐坐。

人們在禮節性的道別時，總不忘記加一句「有空來玩」，不論這是否是一句出自肺腑的言語，聽後都讓人感到溫情四溢，自己似乎可以從中體會到我是被人們接受的，是受人歡迎的人。

古代社會做一個好皇帝，會經常微服出訪，體察民情；熱戀時做一個好男朋友，會常常無微不至地關心女友；做一個好朋友，會不忘記常去朋友家坐坐。多注意人與人之間的溝通，自然會多一個朋友，多一條路。所以掌握這點是很有必要的。

我們要讓自己融入社會生活中去，不能夠一味地去追求個人，而忽視團體，多與人接觸即是避免這種「獨往獨來」的好辦法之一。

事實上，我們所要做的並不多，只是在有時間的時候，去朋友家走一

走，也許只是隨意地寒暄幾句，也許只是一次長談，總之，我們在加深對方對自己印象的同時，讓他與我們越來越熟悉，這樣深入下去，我們之間的關係會越來越融洽。

需要注意的是，在交往中，我們還該注意到以下的問題：

選擇恰當的時間。要做一個有心人，不要在吃飯或休息時去打擾朋友，應該選擇恰當的時間，例如，在飯後休息時去。若朋友有午睡的習慣，千萬不要去打擾，最好的時間是在晚飯後，天氣比較涼爽，人的心情也比較平靜時去。

到了朋友家，若發現他正在招待客人，也不宜久留，與主人閒聊幾句，就應該禮貌地離開。

若朋友正在打掃房間，忙著做事，沒法招待你時，就應站在門口，寒暄幾句，盡快告辭，以免主人為難。

談話的內容可以是天南海北地聊天，也可以比較認真地就某個問題發表見解，但談話內容不要涉及朋友隱私，或提到朋友不願提到的問題。反過來，你可以提些迎合朋友心理的問題，這樣大家都有興趣來談這個問題，氣氛就會比較和諧。

第五章
有關愛情，一七場風花雪月的夢

親情是一種深度，友情是一種廣度，而愛情則是一種純度。親情是一種沒有條件、不求回報的陽光沐浴；友情是一種浩蕩宏大、可以隨時安然棲息的理解堤岸；而愛情則是一種神祕無邊、可以使歌至忘情、淚至瀟灑的心靈照耀。

有些人的愛情始於外表相悅，而有些人的愛情則始於心靈相悅。建立在外表基礎上的愛情最終經不住風吹雨打，像自然之花一樣終會凋謝；而建立在心靈基礎上的愛情則可以驚得住任何考驗，永遠吐露芬芳，越是在障礙重重的時候，其芳香越是沁人心脾。真正的愛情在於後者。

愛在左，情在右，在生命的兩旁，隨時撒種，隨時開花，將人生旅途點綴得花香瀰漫，使得花拂葉的旅人，踏著荊棘，不覺痛苦，有淚可揮，不覺悲涼！

愛情如油燈，需要經常添油

愛，是人類繁衍、進步的原動力。

人的一生中被各式各樣的愛包圍著，有父母子女間的親情；有兄弟姊妹的友愛；也有那泛泛對世人的博愛；最令人心動的則是愛情。古人云，問世間情為何物，直教人生死相許。這指的是人們千百年來追尋渴求的情感：愛情。

詩人席慕容這樣說過「在年輕的時候，如果你愛上了一個人，請你一定要溫柔地對他。不管你們相愛的時間有多長或多短，若你們始終能夠溫柔地相待，那麼，所有的時刻都將是一種無瑕的美麗。」

愛情猶如點著了的油燈，據說只能燃燒 18 個月。但如果持續給愛情加油，愛情也可以成為長明燈。

小狗與小貓心態

小狗和小貓同樣受到主人無微不至的關懷。小狗心想：「主人寵護我，餵養我，供我住，疼愛我。主人一定是神，否則怎麼可能無條件地照顧我呢？」小貓心想：「主人寵護我，餵養我，供我住，疼愛我。只有一個可能：我一定是神。否則為什麼要對我這麼樣好呢？」

通常這也是沐浴愛河中的人兩種不同的心態。小狗代表的是感恩、滿足、惜福、回報，甚至在幸福面前有一點惶恐的心態。小貓則代表著超級自戀，漠視對方的傲慢心理。

兩種不同的心態也往往形成兩種不同的愛情（婚姻）模式。小狗的愛情是兩個人相互愛戴與憐惜，日子過得越加地溫暖，而小貓的自視甚高不懂回報，或許會讓對方愛牠的心一點一點變冷。

其實，在這個世界上沒有人是活該要對你好的。能遇上一個能欣賞你、包容你、在意你的感受、願意把你捧在手心裡的人，是一件多麼幸運的事。所以要懂得感恩。而如果像小貓那樣一味視對方的付出為理所當然，視對方的殷勤周到為應該，從來就不懂去回報與感恩，過不了多久，對方的心就會冷卻。

一位悲傷的少女求見莎士比亞。

「莎士比亞先生，你曾寫出了人世間那麼多淒美動人的愛情故事，現在，我有件關於我的愛情的事請教您，希望您能幫助我。」

「哦，可憐的孩子，請說吧！」莎士比亞說。

少女停頓了一下，憂傷的聲調令人心碎：「我愛他，可是，我馬上就要失去他了。」少女幾欲流淚。

「孩子，請慢慢從頭說吧！怎麼回事？」莎翁慈祥地說。

「我與他深深相愛著。他以他的熱情，日復一日地用鮮花表達著他對我的愛。每天早上，他都會送我一束美麗的鮮花，每天晚上，他都要為我唱一首動聽的情歌。」

「這不是很好嗎？」莎士比亞說。

「可是，最近一個月來，他有時幾天才送一束花，有時，根本就不為我唱歌了，放下花束就匆匆離去了。」

「唔？問題出在哪呢？你對他的愛有回應嗎？」

「我從心裡深深愛著他，但是，我從來沒有表露過我對他的愛，我只能以冰冷掩飾內心的熱情。現在他對我的熱情也在慢慢逝去，我真怕有一天會失去他。先生，請指教我，該怎麼辦？」

莎士比亞聽完少女的訴說，從屋裡取出一盞油燈，添了一點油，點燃了它。

「這是什麼？」少女問。

「油燈。」

「要它做什麼？」

「別說話，讓我們看著它燃燒吧！」莎士比亞示意少女安靜。

燈芯嘶嘶地燃燒著，冒出的火苗歡快而明亮，它的光亮幾乎映亮了整個屋子。然而燈油越來越少，燈芯的火焰也越來越小，光線變弱了。

「呀！該添油了！」少女道。

可是莎士比亞示意少女不要動，任憑燈芯把燈油燒乾，最後，連燈芯也燒焦了，火焰終於熄滅了，只留下一縷青煙在屋中飄繞。

少女看著一縷青煙迷惑不解。

「愛情也像這油燈，當燈芯燒焦之後，火焰自然就會熄滅了。你應該知道，現在你該怎麼去做了。」莎士比亞說。

少女明白了：「我要去向他表白，我愛他，不能失去他。我要為我的愛情之燈加油去了。」

少女謝過莎士比亞，匆匆走了。

看完這個故事後，聰明的讀者一定會明白：愛情的褪色不是誘惑，不是時間，是人的疏忽與冷漠。

愛情需要保鮮

不少戀人或夫妻，在一起久了，感情的確穩定下來，但情感似乎也由濃烈轉為清淡。原先的熱情不在，猛一回首，才驚覺自己手中一路捧著的愛情之花早已如風乾的玫瑰，變味走形多時。

演藝圈不時傳出消息，許多愛情長跑多年的銀色情侶紛紛宣布分手，而普普通通的你我也聽到周圍朋友分分離離的消息此起彼落，不禁讓人擔心起來，愛情是否真是無常。

其實對待愛情，就應該如同照顧魚缸中的熱帶魚，必須常常換水以保新鮮，這樣五顏六色的熱帶魚才能自在、順心地搖擺出絢爛的生命力。

愛情需要保鮮。愛情保鮮的一個重要祕訣就是耐心。每個人對事物的看法和觀點都不一樣，所以絕對不要強求別人的看法總是和你一致。對待愛情也是同樣的道理，那樣才會避免無休止的爭吵。比如對於你們見面次數的問題上，其中一人可能想每天都見一次面，而另外一方可能會覺得這樣令人窒息，想要多一些個人空間。

有時候，自己可能不滿意對方的做法，但是卻不能太認真、太過計較。要時刻提醒自己，讓自己慢下來，深吸一口氣，並想想對方這樣做的原因。改掉傲慢不遜的態度，避免盲目下結論。因為那樣會讓對方感到不舒服，沒有行動的自由，好像你眼裡只看到對方最壞的一面。給對方一些

時間，告訴他，在合適的時候你們可以坐下來好好談談。無論在什麼樣的情況下，耐心總是愛情保鮮的黃金祕訣（除非對方再也不想跟你討論關於你們之間的事情，這也就意味著你需要好好考慮是否要終止這段感情）。

在愛情中，體諒和關懷同樣重要。你希望你的伴侶體諒你並關懷呵護你，反過來你也應該這樣對待對方。不需要他（她）像小孩子的保母那樣照料你，而應該是在你需要他（她）的時候始終陪在你身邊，或者是當你並不需要他而僅僅是想他（她）的時候。

概括起來，愛情保鮮的祕訣是：你和對方要保持一定的獨立性，彼此忠誠，有耐心，能接納彼此。你要記住負責愛情保鮮任務的人應該是你，而不是你的伴侶。只有大家都有這樣的意識，愛情才能真正地保鮮。這樣，你們的愛情就會像樹木一樣茁壯成長，你們是彼此的陽光和雨露，一起讓愛情永遠年輕。

美國心理學家安吉莉絲有個不錯的建議幫助愛情保鮮，她把它稱為「親密大補貼」，是一個「三乘三」的處方，亦即一天三次、一次三分鐘，主動對另一半表達你的愛意。

每天的三次分別在什麼時間比較好呢？不妨試試早上下床前、白天上班時以及晚上就寢前。

早上睜開眼，先別急著下床，可以抱抱另一半，享受跟心愛的人一起睡醒的溫暖；還有，在白天找個時間通三分鐘電話，告訴對方你正想著他；另外，晚上臨睡前，更該花些時間相互表達濃情蜜意。

這個做法非常合乎快樂的原則，因為快樂感不能一曝十寒，而是源於隨時產生的小小成就感累加後的效應。

把你的愛情當成魚缸中的熱帶魚，使用三乘三「親密大補貼」來細心照料，你會發現，你的愛情將能永保新鮮。

婚前要睜大兩隻眼，婚後緊閉一隻眼

有一句話是這樣說的：婚前要睜大你的雙眼，婚後要緊閉你的一隻眼。

婚姻最讓人難受的是：因誤解而結婚，因進一步了解而分手。很多時候，人會在婚前被愛情沖昏了頭腦，失去了正常思考與判斷的能力，所謂「情人眼裡出西施」便是如此。而結婚以後定睛一看，才發現對方身上「都是缺點」。於是哀嘆自己「當初瞎了眼」，不然就指責對方「欺騙我」。結果，把自己的心情搞得一團糟，還把本應和睦的家庭生活弄得雞飛狗跳。

我的同學章強，從小就是一個標準的「好孩子」形象。他按部就班地走完了一個好孩子應該走的步驟，終於長大成人，懷揣著知名大學畢業的他進入了一家不錯的企業。章強與女友相識只有兩個多月，就閃婚了。在他的眼中，他的女友簡直就是一個無可挑剔、十全十美的「白雪公主」。

然而僅半年後，當我再見到章強時，他告訴我他和妻子分居了。「原來我們之間的興趣喜好，甚至是在脾氣個性上，差距竟然那麼大，都怪自己熱戀時沒有睜大眼睛審視她……」章強如此說。

原來，「閃婚」兩個字的意思，不只是強調結婚的速度如閃電般迅速，還暗示了婚姻的存續，亦如劃過天空的閃電：一閃即滅。

婚前要睜大眼

情人眼裡出西施，戀愛中的人判斷力最容易模糊。熱戀中人最容易犯的錯誤就是「一葉障目，不見泰山」，被「愛」沖昏了頭腦。於是，眼裡的戀人便完美無缺，全是長處與優點了。而不想也不願意發現對方的缺

147

點與不足，甚至有些時候不足與缺點也成了令人愛不釋手的個性。熱戀時男人的腳臭是男人味，抽菸是有風度；女人打扮得花枝招展是嫵媚，說說笑笑是開朗活潑。反正一切的不足在戀人的眼中都成了愛的符號，正應了所謂「情人眼裡出西施」。等到兩個人步入洞房，過起平凡的日子。漸漸的，在妻子眼中，男人的腳臭成了不衛生，抽菸成了既有損健康又增加家庭開支的壞習慣；在丈夫眼中，她三天兩頭就買衣服成了浪費，活潑開朗也成了河東獅吼。於是，男人和女人都不斷感嘆：同一個人，差別怎麼這麼大呢？只有結婚之後才發現「受騙上當」，認為對方與自己心目中的配偶形象相去甚遠。其實，還是同樣的那個人，根本沒有變，人家根本也沒欺騙你，關鍵是你熱戀之時瞇著眼，審視的穿透力不足使然。

看清別人也許有一定難度·那麼你不妨先看清自己。看清自己，就是要知道自己是個什麼樣的人，自己想過什麼樣的生活，想要什麼樣的未來，哪些東西是自己喜歡的，反感的和不能容忍的……然後去找那個適合自己的人和自己能適合對方的人就可以了。

婚前，睜大眼睛，盡可能全方位、多層次，廣視角地發現對方的缺點；婚後，則需要瞇起眼睛，學會包容與寬容對方的缺點與不足。

結婚後需要瞇起一雙眼，對配偶不要得理不饒人，拿著放大鏡與顯微鏡特地去搜尋對方身上的缺點，而要瞇起一雙眼，學會包容與寬容他（她）的不足，這才是正確處理夫妻關係的一種藝術。正是因為「金無足赤，人無完人」，又有誰能成為無瑕的寶玉呢？掌握了包容與寬容的藝術，夫妻間才能長相廝守；用寬容去締造融洽，打造和諧，才不至於心存芥蒂，戰事頻仍。有些家庭缺乏和睦，有些夫妻關係緊張，很大程度上取決於彼此都過分挑剔，對對方過分求全責備 —— 有的強迫對方把多年形成的習慣與愛好改變，有的逼對方必須向自己繳械投降。久而久之，只能

在失和的氛圍中，使夫妻間矛盾升級，彼此的摩擦擴大。而善於睜大一雙眼睛多發現對方的優點，學會瞇起一雙眼睛少挑剔對方的缺點，才會使夫妻關係由和諧邁向長久。

婚後要糊塗點

結婚後，把你的放大鏡與顯微鏡扔到一邊去吧！學會瞇起自己挑剔的雙眼，去包容與寬容他（她）的不足，這才是正確處理夫妻關係的一種藝術。

古人云：「甘瓜苦蒂，物不全美。」即使是太陽下也有陰暗的角落，人身邊的世界不可能總是那麼乾淨明亮。夢中的情人也許會很完美，現實中的伴侶卻或多或少有些缺陷或者缺點，正如廣告中的商品也許會很完美，真正用起來卻往往不盡如人意。古代四大美女夠完美了吧！但據有關史料顯示：有「沉魚」之美的西施耳朵比較小，有「落雁」之姿的王昭君的腳背肥厚了些，有「閉月」之顏的貂蟬有點體味，有「羞花」之容的楊玉環略微豐腴……要是看得太清楚了，豈不是一件大煞風景的蠢事！

誰沒有缺點呢？兩個人朝夕相處，時間一長，就「原形畢露」了。能不能多包容彼此一些呢？如果斤斤計較，那就非得鬧得不可開交。多忍讓，多包容，是明智的夫妻相處之道。尤其是不能用自己的習慣來苛求對方。有一個這樣的例子：某位女士是一個模範的家庭主婦，她把丈夫孩子的生活打理得井井有條。但丈夫受不了的卻是她的潔癖。比如她在廚房有很多條抹布，洗碗、洗鍋、流理臺等「各司其職」，不可混用。她自己倒可以揮灑自如，但丈夫若是想獻獻殷勤，結果往往招來一頓埋怨。像這種瑣事本來無關痛癢，而一旦鬧得緊張兮兮，就會傷害夫妻感情，不值得。

還有一種情況是當對方背叛婚姻時，該怎麼辦？他一意孤行，你當然

無話可說。他若決心改過自新，你能不能給他一個機會呢？眼睛是容不下沙子的，這是理想主義的想法，當我們像愛護眼睛一樣對待自己的婚姻時，進沙的感覺當然非常痛苦。但事實上，眼睛不存在於真空，是有可能進沙子的。也就是說，如果你還需要這雙眼睛的話，那麼只要把沙子去掉就行了。給對方一個機會，也等於給了自己一個機會。

生命是一個過程，婚姻也是一個過程。有陽光就必然有風雨，問題是在風雨來臨的時候，我們是否還能夠守候到那雨後的陽光。這需要對婚姻有信心，相信厄運會過去，明天會更好。可是有些心浮氣躁的現代人往往沒有耐性去遠觀、靜候，婚姻稍不如意，就怨恨、不滿、憤怒、發洩、抓狂，以致為自己的婚姻帶來致命的打擊。

這並不是要我們苟且於婚姻的庸俗，只是要我們對婚姻抱著一顆平常心。也許在這波瀾不驚中，我們同樣能享受到婚姻所帶來的幸福與快樂。事實也是如此。有一些人的婚姻看上去沒有什麼亮眼之處，男的粗心，女的大意，但很多年就這樣過去了，看看也還不錯，這是整體感受。相反，如果只是憑一時一地的感覺，那婚姻隨時都是可以離散的。

婚後的夫妻關係不但不需要「目明」，也不歡迎「耳聰」。在處理婚後關係的聽力和視力上需要同步退化。有一位女士，她喜歡說的一句口頭禪是：「你說什麼，我沒聽清楚。」然而就是這麼一句話，卻給她的生活與事業帶來了雙雙豐收。

在舉行婚禮的當天早上，露茜在樓上做最後的準備，這時，她的母親走上樓來，把一樣東西放在露茜手裡，然後看著她，用從未有過的認真態度對她說：「我現在要給你一個今後一定用得到的忠告，那就是要你必須記住，每一段美好的婚姻裡，都會有些話語值得充耳不聞。」

說完後，母親在露茜的手心裡放下一對塑膠耳塞。正沉浸在一片美好

祝福聲中的露茜十分困惑，不明白媽媽在這個時候塞一對耳塞到她手裡究竟是什麼意思。但沒過多久，她與丈夫第一次發生爭執時，便明白了老母親的良苦用心。「她的用意很簡單，她是用一生的經歷與經驗告訴我，人在生氣或衝動的時候，難免會說出一些未經考慮的話，而在此時，最佳的應對之道就是充耳不聞，就當作沒有聽到，而不要同樣憤然回嘴反擊。」露茜說。

但對露茜而言，這句話產生的影響絕非僅限於婚姻。作為妻子，在家裡她用這個方法化解丈夫尖銳的指責，維護自己的愛情生活。作為職員，在公司她用這個方法淡化同事過激的抱怨，優化自己的工作環境。她告誡自己：憤怒、怨憎、忌妒與自虐都是毫無意義的，它只會毀壞一個人的美麗，尤其是一個女人的美麗。每一個人都可能在某個時候會說出一些傷人或未經考慮的話，此時，最佳的應對之道就是暫時關閉自己的耳朵——你說什麼，我沒聽到哦……

明明聽到了卻要說沒聽到，並真的做到「沒聽到」的境界，這當然不是那麼容易的，但正是因為不容易，才區分出一個人情商的高低。你也許不能一下子就躍升到露茜的境界，但不妨從現在起、從對待身邊人的不當言語做起，嘗試一次「聽不到」，再嘗試一次……

▎愛情像一筆存款，相互欣賞是收入……

應該怎樣理解愛情，真正的愛情是一種緣分，那就是在千萬人之中遇見了你所要遇見的人，在千萬年時間的無涯的荒野裡，沒有早一步，也沒有晚一步，讓你剛巧趕上了他。愛在左，而情在右，在生命路的兩旁，隨時撒種，隨時開花，將這一浪漫之路點綴得花香瀰漫，使得那些穿花拂葉的行人，即使是踏著荊棘前行，也不覺得痛苦，有淚可灑卻不覺得悲涼。

一位年輕太太向兩性專家抱怨，「我先生從不讚美我，整天挑東揀西的。不管我做什麼事，他總可以找出缺點來批評。」

兩性專家說：「喜歡批評是缺乏自信的表現，你先生是不是有這方面的問題？」

她想了一下說：「我想很有可能。」

「如果是這樣的話，你似乎應該多去讚美他，提高他的自信，以減少他對你的批評。」

「我從來沒想到這點。」她叫道，「但你說對了！因為我一天到晚只想聽到他對我的讚美，卻早已忘記我在什麼時候曾經誇讚過他。」

生活就是這樣，往往我們認為最不需要讚美的人，常常最需要讚美。

鄭板橋有句名言：「以人為可愛，而我亦可愛矣！」這便是鼓勵大家盡量去欣賞別人可愛的一面，那麼，他人也會因為欣賞我們自己的可愛之處而大加讚譽。時常讚美別人的人，自身必有值得讚美之處。

有人說過，愛情像一筆存款，相互欣賞是收入，相互摩擦是支出，互相忍讓是節約開支。這樣的比喻還是十分形象與貼切的。

欣賞的力量

生活中，欣賞與被欣賞是一種互動的力量之源，欣賞者必具有愉悅之心，仁愛之懷，成人之美之善念；被欣賞者必產生自尊之心，奮進之力，向上之志。因此，學會欣賞應該是一種做人的美德。

作家林清玄在青年時代擔任記者時，曾報導過一個小偷的作案手法非常細膩，曾犯案上千起。文章的最後，他情不自禁感嘆：「像心思如此細密，手法那麼靈巧，風格這樣獨特的小偷，如果去做任何一行想必都會有成就吧！」林清玄未曾想到，他無心寫出的這幾句話，竟影響了一個年輕

人的一生。如今，當年的小偷已經是一家連鎖公司的大老闆了！在一次邂逅中，這位老闆誠摯地對林清玄說：「林先生寫的那篇特稿，點出了我生活的盲點，我想，為什麼除了做小偷，我就沒有想過自己還可以做正當事呢？」從此，他脫胎換骨，重新做人。

在處理愛情上亦是如此。愛情的真正魅力，就在於相愛的人要相互欣賞。行為心理學告訴我們，鞏固某種行為的最好辦法，便是提供肯定的強化物（或獎勵的刺激物）。朋友之間要多欣賞別人的好處，少計較或不計較對方的不足，友情才能長存。同理，戀人與夫妻之間何曾不是如此呢？

倘若同一個處世冷漠，不注意對方，更不欣賞對方的人生活在一起，不乏味、不倒胃口、不覺得壓抑那才奇怪呢！社會都需要關注和相互欣賞，夫妻間就更離不開相互欣賞。人的一生如同在沒完沒了地費力表演，每一個人都期待著別人的注視與關切、喝彩和鼓掌。從別人的欣賞中，我們才能比較容易地重新認識自我，才能得到對自我的肯定，才能感受生活的坦誠和美好。如果生活中充斥的只是沉默、孤寂和埋怨，那這種生活必定索然無味。

無論是戀人還是夫妻間，都應該多一些欣賞。蕭伯納（George Bernard Shaw）曾經編寫了名叫《皮格馬利翁》（*Pygmalion*）的戲劇及《窈窕淑女》（*My Fair Lady*）的音樂劇。在這兩個劇本中，一個名叫伊麗莎·杜利特爾（Eliza Doolittle）的暴虐、孤戾的女人，被一位教師用他的愛心和欣賞訓練改造成了美麗而迷人的女孩。

所以，我們的愛情需要多一些欣賞，因為它是一種給予，一種力量，一種芳香，一種善良，一種溝通和理解，一種信賴和祝福。與欣賞對立的則是被人們痛恨的漠視和詆毀。記得培根說：「欣賞者心中有朝霞、露珠和常年盛開的花朵；漠視者冰結心城，四海枯竭，滿山荒蕪」。

盡量減少支出

　　所有關於白馬王子與美麗女孩的童話，都在他們終於結合那一刻而戛然止筆。美麗曲折的愛情一旦變成瑣碎無趣的生活，連最高明的作家都覺得難以下筆。王子和美麗女孩「高高興興地生活在一起」，他們也會吵架嗎？答案應該是肯定的。

　　能在一生中從不吵架的夫妻非常稀少。不少婚姻走向破裂，就是雙方在無止盡的吵架中共同完成的。

　　結婚三年的劉薇，最近為她和丈夫的頻繁吵架而苦惱不已。他們之間的吵架越來越頻繁，程度愈來愈激烈，甚至為了一件小事就會吵得天翻地覆。沒有人生下來就喜歡吵架，劉薇也是這樣，但她總是克制不住自己，而且一旦開始吵架，雙方就迅速將戰火升級，有時甚至上演全武行。劉薇不願意她的婚姻在一次又一次的吵架中逐漸破碎，她希望找到一個挽救婚姻的方法。

　　俗話說：勺子沒有不碰鍋邊的。最初的恩愛夫妻也一樣，兩個人共處的時間長了，難免會遇到一些不快的事．夫妻間總有相互頂撞的時候。如果你不想損傷對方的自尊心，就應該學會說：「很抱歉！」「對不起！」「原諒我吧！」這些禮貌用語。

　　在日常生活中，我們有時還會遇到這樣的情形：一些夫婦動輒就發怒，事後又不分析原因，不設法解決。儘管許多夫婦對此頗有微詞，並稱之為婚姻上的「慢性自殺」。而他們卻天真地認為，任何一方忍耐，不發生任何口角和衝突，夫妻關係就一定會好。這種表面看似的平靜，實則已走向了另一個極端。回頭看看他們的二人世界，關係的確「好」，但他們之間卻缺乏溫暖和體貼，沒有愛情的火花迸發。因為他們忽略了這樣一個事實，所有的家庭都應該存在著一定程度的矛盾，誰的配偶都不可能時時

對彼此充滿柔情蜜意，但希望對方滿足自己某些要求是合理的 —— 只要這些要求不苛刻就行。正確的做法應該是，既然理解到偶爾的生氣和衝突是一種正常現象，那就應該注意保護雙方的「權利」。

要知道，天底下夫妻吵架無輸贏之分，懂得吵架的藝術，夫妻就能雖吵猶親，愛情的紐帶也會越吵越緊。怎樣才能做到這一點呢？

- **要允許對方偶爾生氣**：如果你能理解到，即使是彼此相愛的夫婦，也難免會有嫉妒、煩惱和生氣的事情發生，那麼當這些情緒來臨時，你就不會大驚小怪了，因為這並不意味著對方已經「沒有感情」了。也許他是因為上司對其責怪的緣故而情緒低落，沒有在回家後向你表示纏綿之情。即使這暫時的不快不是因為你的過錯，你也應該問一下他：「親愛的，我做了什麼事惹你生氣了嗎？」如果回答是否定的，你可以再問：「那麼，我能為你做些什麼嗎？」如果對方不需要，你就不必打擾。要知道，這些問候已經是你給予的最好的安慰。

- **要努力理解對方的觀點**：我們時常可以看到，夫妻之間一旦產生了意見分歧，雙方都只顧強調自己的道理，而不注意聽取對方的意見，這是使矛盾激化的最常見原因。這時，雙方卻應冷靜下來，思考對方的意見；若發現對方的觀點正確，就應放棄自己以為正確的意見。兩個人之間不是總認為可以「在真理面前人人平等」，此時，更不需要「真理越辯越明」的做法。記住，這是家裡面，不是辯論會，只有這樣，矛盾自然不會激化。

- **要心平氣和地闡述個人的意見**：耐心聽取對方的意見後，如果仍然認為真有必要把自己的觀點講清楚以說服對方，則闡述時也一定要心平氣和，盡量把語氣放慢去講清楚自己的道理，即「曉之以理，動之以

情」，絕不可把自己的觀點強加給對方，否則對方會產生反抗心理，肯定聽不進你的意見。既然對方聽不進，那豈不等於白說。

- **要以冷對熱**：以冷對熱的關鍵，就是你吵我不怒。在一方感情激動、控制不住自己的時候，任他發火，任他暴跳如雷，不要在這時去火上澆油。「一隻巴掌拍不響。」一個人吵，就吵不起來，等他情緒平和以後，再和他慢慢說理，他就容易接受。

- **說話要有分寸**：即使自己忍不住爭吵，說話也要有分寸，話不能說絕，不能做人身攻擊，或揭對方的「傷疤」。更不能在一時氣憤之下，破口大罵，不計後果。比如有的人吵架時言語不留餘地：「你是不是問得太多了？」「我要你怎麼做就怎麼做！」「你受不了可以滾。」等等，這類話咄咄逼人，很容易引發更大的衝突。

- **要直接表達自己的期望**：如果一方想表達自己某種強烈願望，最好直說「我想……」之類的話。比如妻子責怪丈夫好久未帶自己上餐館，她就不妨直說：「我想今晚到外面吃飯。」而不要說：「你看老闆每週至少帶妻子上一次飯店，而你呢？」

- **要就事論事**：為了那件事吵，談清這件事就行了，不要「翻舊帳」，上綱上線，也不要無限擴大。將陳穀子爛芝麻一股腦翻出來，把一場架吵成幾場架或攪成一鍋粥，這是夫妻間極不明智的做法。

- **不要以辱罵代替說理，更不能動用武力**：夫妻之間之所以發生爭吵，主要是因為一方的觀點沒能說服對方。因此，要想使爭吵得到解決，唯一的辦法是都冷靜下來透過充分說理，使雙方的觀點達到一致。如果一方只求個人的一時痛快，採取簡單、粗暴的辦法，甚至不惜用辱罵、毆打的手段以制服對方，雖然暫時占了上風，卻可能在感情上造成更大的裂痕。

- **要學會主動退出**：不少夫妻在爭吵過程中，總有一種占上風的心理，就是都要以自己「有理」來壓服對方，結果誰也不服誰，反而越說越有氣。其實，夫妻之間的爭吵，一般沒有什麼原則問題，許多是是非非糾纏在一起，也不易分清，特別是在頭腦發熱、情緒激動時更不易講清。如果爭吵到了一定時間和一定程度，發現這樣下去還不能解決問題，那麼有一方就要學會及時剎車，並告訴對方休戰了。這並不是屈服、投降，而是表示冷靜和理智。比如可以用幽默打破僵局，或者乾脆嚴肅地說：「我們暫停吧！這麼吵只會『鬧翻』，大家冷靜點，以後再說。」之後，任憑對方再說什麼，自己也不再搭腔。

不愛那麼多，只愛一點點

有一首歌中唱道：不愛那麼多，只愛一點點，別人的愛似海深，我的愛情淺。這個歌詞原本是有「文壇怪杰」之稱的作家李敖的一首詩，名為《不愛那麼多》，被歌手巫啟賢改編為〈只愛一點點〉，坊間傳唱一時。一位作家曾這樣評價：「只愛一點點，相當痞的歌，相當好的詞。李敖寫的一個小詩，結果不幸沒觸動他的女人，卻觸動了巫啟賢，給譜了曲。詞中所述，是相當高的境界。是人神共往，天地同意，世界太平的一種狀態。」

李敖的打油詩〈不愛那麼多〉是這樣寫的：

不愛那麼多，
只愛一點點，
別人的愛情像海深，
我的愛情淺。

不愛那麼多，

只愛一點點，

別人的愛情像天長，

我的愛情短。

不愛那麼多，

只愛一點點，

別人眉來又眼去，

我只偷看你一眼。

愛不要十分

　　情歌泛濫年代，由李敖和巫啟賢聯袂演繹的〈只愛一點點〉，無疑給情歌吸收過飽的歌迷們不通暢的消化道下了一劑強力瀉藥。李敖的傳奇一生總是與女人有千絲萬縷的連繫，據李敖在自傳中坦白，他愛過的女人就有數十人之多，伴隨著他的人生各個時期。他曾在一首詩中用玩世不恭的語氣說：「三月換一把，愛情如牙刷；但尋風頭草，不覓解語花。」

　　李敖「只愛一點點」的愛情主張，可謂在「一點點」中覓愛情之真味。看到好果子就摘，摘到手吃一口就扔 —— 好吃也是扔，扔了再採新鮮的；不好吃也是扔，扔了再採好吃的。李敖驕傲地聲稱：「我用類似『登徒子』（philanderer）的玩世態度，灑脫地處理了愛情的亂絲。」

　　李敖之蜻蜓點水式的愛情，對於他來說也許很合適，但並沒有提倡與推廣的社會意義。首先，這不符合社會的公序良俗，絕大多數人對於愛情抱有長久的願望，對於婚姻抱有穩定的要求；其次，絕大多數人也不具備李敖的能力、精力、財力甚至魅力。

　　在愛情肥皂劇裡，我們總是能聽到諸如「我真的真的好愛你好愛你」之類的煽情表白。這些話千篇一律地用哭腔喊出，畫面少不了來一個梨花

帶雨的特寫。愛一個人，為什麼要「十分」呢？

從愛者的角度來說，十分的愛一個人，會被對方主宰了你的一切，你會讓對方控制你的一切，完完全全地失去自己。對方的一切細微情緒變化，都會讓你神經兮兮。因為你十分「愛」他（她），所以會無原則地容忍他（她）、遷就他（她）……直至累得趴下也無法滿足對方。

從被愛者的角度來說，被愛本來是一種快樂，而過分的愛卻成了他（她）的負擔。你把他（她）抱得太緊，他（她）就失去自由呼吸的空間。

愛情其實如同吃飯，「吃」得太少，就需要不停地吃零食，但若是如李敖那樣「吃」得太多，就容易撐壞肚子。當你愛一個人的時候，愛到七八分剛好。同時，你所期待的回報，也只要七八分。你自己應該剩下二三分用來愛自己，也允許對方保留二三分愛他自己。這樣的愛情，雖然不見華麗，但是卻見平實；不見轟轟烈烈，卻見清新雅緻。

真愛不是犯賤

有些人喜歡把自己的戀人（配偶）當成手心裡的寶貝，如同對待嬰兒一般的寵愛、溺愛。這種愛的確令人感動，但殊不知過分的寵愛會讓對方真的變成一個被寵壞了的孩子，在你面前放肆、無視你的付出，甚至開始輕視你、怠慢你、踐踏你。

我的一個朋友小娟，對待她的丈夫可謂無微不至。生活起居全部為他包辦，他在家只要張一下嘴，小娟就會處理他想要的東西，從上班的領帶到冰箱的啤酒，甚至內褲在哪，都甘之如飴地為他準備。一開始，小娟和他的老公彼此都很享受這種形同「母子」的關係。時間一久，他的老公越來越放肆，簡直到了為所欲為的程度。終於，老公從與異性在網路聊天，發展到見面，再到開房間，經常夜不歸宿。老公一路走得無所顧忌，因為

他知道：「媽媽」一定會原諒他的。事實上，小娟也是在一再的原諒中，最終讓事情發展到無法原諒的境地。「真愛，就是不計回報地付出。」小娟仍不覺醒，倒是老同學燕子說得好：「拜託，你這哪裡是真愛，是真犯賤好不好。」

沒錯，真愛是對人好，是不計回報的付出，但卻絕對不是犯賤。

有些人總覺得，無論另一半做了任何錯事都是自己的錯；就算不是自己的錯，也是兩個人的錯。女人會覺得是因為自己不夠好，所以才讓男人跑出去偷吃。而男人，認為自己無法給女人買香車、名牌，所以女人去找了別的男人。永遠覺得錯的都是自己，反而讓真正製造問題的人卻逍遙在外，繼續過著無壓力、快樂的生活。這種行為會讓苦主變得很偉大、很崇高。只是，兩個人的世界最終是活在平凡瑣碎的現實之中，偉大與崇高並不能為兩人世界增加長久幸福。

人和人是平等的，關心和愛護也應該是相互的。如果只有一方在任勞任怨付出，另一方心安理得享受，卻沒有任何回報，那一定不是真愛。我們雖然不怎麼苛求對方的回報，但至少我們在於百次付出之後，總要有一種「值得」的感覺，如果他連這個都不能給你的話，夢就該醒了。

▍所謂失戀就是和一個不再相愛的人分手

「他從來沒有真心地愛過我，只會逢場作戲，欺騙我的感情……」一位剛失戀的女孩眼淚汪汪地對心理諮詢師述說男朋友的種種惡行。

「別太難過了。」心理諮詢師安慰她說，「這也算不幸中的大幸，他離開你是因為不再愛你；試想：如果他不離開你，你就要和一個不愛自己的人結婚甚至生活一輩子，豈不是更慘了！」

「也是，」那個女孩回道，「但失去了一份感情，我總不甘心！」

心理諮詢師說，「一段被欺騙的感情、一場沒有愛的婚姻、一個沒有幸福的未來，你認為你能從中得到什麼？」

受害者的特徵之一，就是無法理解事情雖有不幸或糟糕的一面，但也有好的一面。

失戀就是與一個不再相愛的人分手——不管是你不愛他還是他不愛你都是不再相愛。強摘的瓜不甜，和不再相愛的人分手有什麼不好？

現代愛情要有點心理彈性

「說到底，愛情是超越成敗的。愛情是人生最美麗的夢，你能說你做了一個成功的夢或失敗的夢嗎？」無論我們的愛情是什麼狀況，用這句話來鼓勵和安慰自己都不失為聰明之舉。

現代的愛情似乎處於「速食」時代，一些傳統思想的人，要想在現代愛情中遊刃有餘、進退自如，需要提高自己的愛情智商。以下為讀者列出了 7 條意見：

- **相信愛情，但不迷信愛情**：相信天長地久海枯石爛的愛情是存在的，但期望它會超越一切是不現實的。愛情可能隨時間的變化而變化，它的消亡不一定意味失去生命的全部。對愛情作如此理解，可以使我們不迷信愛情，也就不容易受傷絕望。
- **能進也能出**：投入的時候可以忘我，結果出現時該讓理性站出來，不論這種結果是婚姻的開始還是愛情的結束，這樣才能掌握愛情的主動權，不在感情中迷失。所謂「該放手時就放手」。
- **主動和理性的姿態**：守株待兔地等待愛情，一定會錯失很多機會，但盲目搶奪愛情，則會損人不利己。以主動的姿態，自信地追求愛情，開放心靈，便會擁有愛情，而不會讓愛情因自己的追求失當而葬送。

- **具有愛的能力**：愛的能力包括付出的能力、理解的能力、寬容的能力和自我承擔的能力。不要指望伴侶會為我們分擔一切，很多東西我們仍然需要獨自面對；付出比索取對愛情更有益，也使自己更快樂；寬容對愛情有出乎意料的效果，用要求、指責、懇求都達不到的目的，寬容也許可以奏效。

- **有一點心理彈性**：享受愛情的親密，接受伴侶的疏離，鬆和緊都能悠然掌握。擁有的時候要珍惜，失去了就趕快轉彎，不必沒完沒了地追悼過去，相信新的愛情就在前方。

- **了解一點愛情心理**：似可得又不可得的狀態，感情容易升溫，利用這一點可以強化愛情氣氛；製造一點小障礙，會使追求者鬥志更高昂；伴侶遇到挫折，最需要安慰；新鮮花樣永遠是愛情所需。諸如此類，不一而足，適當使用，會形成良性的互相激勵態勢。

- **有一點經濟基礎**：雖然物質和愛情不一定成正比，但有一點物質基礎絕對有益於愛情的健康生長，不食人間煙火的愛情很難長久。

誰敢說下一個不會更好

　　曾經的愛是那麼刻骨銘心，因此，當愛已成為往事，我們年輕的腳步又如何能夠做到從容而又決絕！但其實不妨細想：萬物都有生命，愛情亦難逃脫。所謂的海枯石爛，只是一個遙不可及的承諾，能讓這份感情保持到彼此生命的結束就不錯了。

　　一首流行歌曲中，這樣唱道：「別管以後將如何結束，至少我們曾經相聚過。不必費心地彼此約束，更不需要言語的承諾。」做到這麼瀟灑固然不易，卻也實在不必悲悲戚戚或者咬牙切齒。

　　一位女性朋友，她被捲入了一場不倫之戀，遲遲不能走出這個其實對

她來說已經是苦遠多於甜的沼澤。她說：「我忘不了他曾經給過我的那些浪漫、深刻的愛。」

一位男士感情出軌多次，他的女友儘管痛苦卻始終不願分手，她說：「和他在一起這麼多年了，要分手，我真的不甘心！」

當愛遠走，無論它是發生在自己或者對方身上，放棄和放手都是唯一的出路。因為無法放棄曾經有過的美好感覺，無法放下曾經擁有的執著，就會讓更多不美好的感覺壓在自己的肩上、心上；讓自己和對方一起痛苦糾纏，究竟能否懲罰對方也許還是未知數，但是自己絕對是被懲罰最深的一個，因為你剝奪了自己重新開始享受快樂和幸福的可能。

誰敢說在人生的下一個驛站，沒有一個驚喜在等待著你！

人生是個漫長的旅程。在這個旅程中，人們大都要經歷若干級人生階梯。這種人生階梯的更換不只是職業的變換或年齡的遞進，更重要的是自身價值及其價值觀念的變化。在「又升高了一級」的人生階梯上，人們也許會以一種全新的觀念來看待生活，選擇生活，並用全新的審美觀念來判斷愛情，因為他們對愛情的感受或許完全不同了。

這種情況在某些影星的生活中常可見到。英格麗‧褒曼（Ingrid Bergman）在其自傳《我的故事》中敘述了自己的三次選擇伴侶的始末。她的初戀在當時的境況下也是一次滿意的戀愛。然而，這位天才少女的奮鬥過程和她的價值觀是同步生長的，當她蜚聲影壇時，褒曼才找到了她的生活位置和人生價值：她變得成熟了。因而，她水到渠成地做出了第二次選擇：與同行羅伯托‧羅塞里尼（Roberto Rossellini）結合。這次選擇，對於超級影星褒曼來說，應該說是合情合理的。儘管生活逼迫她做了第三次選擇，她的女兒曾斷定母親「不善於選擇丈夫」，但褒曼一生的愛情光環都是圍繞著與她志同道合的羅伯托。

如果沒有婚姻，愛情將死無葬身之地

在現代都市中，愛情逐漸蛻變成了一種傳奇。越來越多的人開始對愛情產生了懷疑。不少人是步入了婚姻殿堂之後，為了所謂逝去的愛情，又拚命想衝出婚姻的城堡。

有人哀嘆：婚姻是愛情的墳墓。其實，這句話也不是沒有道理的，在紛繁的歲月裡，又有多少愛情能經得住瑣碎無奈的日子的研磨呢？要知道，一輩子相守依靠的，不僅僅是當初那種令人怦然心動、蕩氣迴腸的感覺，而更需要的是此後彼此相互的理解的耐心和犧牲自我的勇氣。

當人們相愛時，心中充滿熱情，眼中充滿愛意，他們能看到的只是對方的優點。而一旦朝夕相伴，耳鬢廝磨，所有的缺點就會顯現出來。人們的自私與挑剔，使其不懂得接受與改變，於是開始失望、不滿，開始相互指責……說到底，說婚姻埋葬了愛情其實是表象，真正埋葬的和磨去愛情的是人類的本性。

記得俄國大文學豪托爾斯泰曾經說過：只有愛情才能使婚姻變得聖潔，也只有被愛情聖潔過的婚姻才是真正的婚姻。法國著名作家亞歷山大仲馬（Alexandre Dumas）也說過類似的話：婚姻不是愛情的終結，愛的事業是永無止境的。雖然人們都說：婚姻是愛情的墳墓，然而，如果沒有婚姻作為基礎，我們的愛情將死無葬身之地。

不要為改變現狀而結婚

很多女人以為，結婚是萬能的：工作不如意，結婚啦！經濟環境差，結婚啦！生活無聊，結婚啦！30 歲快到了，結婚啦！

結果當然是自討苦吃，活得比婚前更慘烈。以前是自己顧自己，如今是無論如何都必須將兩個人的問題解決。

別以為女人才會為婚姻大事而作繭自縛，很多男人也有同樣的盲點，以為結婚就能解決一切問題：想結束游離不定的感情生活，結婚啦！想專心發展事業，結婚啦！想有人煮飯洗衣做家事，結婚啦！30歲應該成家立業，結婚啦！

一紙結婚證書並不會改變一個人的性格，如果婚前花心，婚後感情生活依舊會波濤起伏；一紙結婚證書並不代表你能高枕無憂地發展事業，背著養妻育兒一輩子的責任，代表著你必須放棄單身時的隨心所欲，任意闖蕩四海的條件；一紙結婚證書並不保證你的老婆是個進得了廚房、出得了廳堂的「阿信」，相反你可能會多了一個時時叫你幫忙做家事兼買菜的「女王」。

單身好還是結婚好不是這裡的討論焦點，關鍵是，請尊重婚姻是一件神聖的事，一項終身承擔的責任。千萬別嬉戲人生，自私地以為結婚就可以將自己的問題轉嫁到對方身上。

不要只是為了改變現狀而結婚，這樣結婚不但不會解決現有問題，還會製造更多問題。

試婚並非選擇合適伴侶的好方法

商家為了促銷，常會玩一些噱頭。比如賣飲料的，提供樣品給人免費試喝，合口味就買；再比如賣電器的，也大多有一個「試用期」，試用期內不滿意可以退貨。商家此舉可謂大得人心，既利顧客又利己。

對於婚姻，也有不少人贊成並身體力行地「試用」 —— 試婚。在試婚一族看來，試婚可以試出雙方是否真正相愛，找出個性的最佳「配置」。美在於和諧，和諧就建立家庭，相反就友好分手。

有人說結婚本身是一種契約，對雙方有責任和約束力。試婚旨在淡化

這種契約，使婚姻變得模糊——「似花還似非花」、「像霧像雨像風」。在「試婚一族」看來，婚姻缺少了這個「模糊」或許就真的模糊下去了，或加入離婚大軍的行列，或落得婚姻品質差的結局。於是，他們比較了長輩的「悲劇」之後，開始小心翼翼地畫著自己的婚姻句號。

對於試婚，不少人堅決地反對。愛情是神聖的，婚姻是嚴肅的。試婚的目的就是試合則進，試差則散。其實這只是停留在虛化的光暈中的期望，實際執行卻沒有想像中容易，分手所造成的心理打擊不亞於正式離婚帶來的痛苦。

一項研究發現，婚前同居者的離婚率要比未同居者高出 33%。另一項研究顯示：婚前同居時間越長的夫婦，就越容易想到離婚。而且，研究者指出，同居者婚後生活不會很美滿，而且對婚姻的責任感差。

美國心理學家解釋說：「同居常被美化為異常大膽、浪漫的舉動，但實際上不過是逃避責任的託詞。如果兩人捨棄結婚而選擇同居，那麼其中一人或者兩人都會在心裡說，我擔心對你的愛不夠深，難以維持長久，所以在事情不妙的時候，我該有個抽身出來的退路。」

你以為同居就代表分手不用辦離婚，手續較簡單嗎？一旦分手挽個皮箱就走。你還是有很多裝不下、拎不走的東西的。

同居可以省租金、省水電費，這倒是真的。如果你的最大理由是節省開支，那也無話可說。很多人是為了房子而結婚，為了錢而結婚，為了節省開支而同居也就見怪不怪。

由此可見，用未婚同居的方式來試婚，並非是選擇合適伴侶的有效方法。事實上，試婚也並非是「免費」試用，試婚中的「得」也不會多於「失」。因此，無論男人還是女人在婚姻面前，還是不要將選擇的「寶」押在試婚上。

第六章
事關幸福，一個寧靜和睦的港灣

假如通往幸福的門是一扇金碧輝煌的大門，我們沒有理由停下腳步，但假如通往幸福的門是一扇樸素簡陋，甚至是寒酸的柴門，我們又該當如何？

我們千里迢迢而來，帶著對幸福的憧憬、熱望和孜孜不倦的追求，帶著汗水、傷痕和一路的風塵，滄桑還沒有洗卻，眼淚還沒有擦乾，沾滿泥濘的雙足拾級而上，凝望著絕非夢想中的幸福的柴門，滾滾的心會陡然間冷卻嗎？失望會籠罩全身嗎？

我絕不會收回叩門的手。

歲月更迭，悲歡交織，命運跌宕，令我早已深深懂得什麼是生命中最值得珍惜的寶貝。

只要幸福住在裡面，簡陋的柴門又如何！幸福的笑容從沒因身分的尊卑貴賤失去它明媚的光芒。我跨越山川大漠，摸爬滾打追求的是幸福本身，而不是幸福座前的金樽、手中的寶杖。

幸福比金子還珍貴，這是生活教會我的真理。

▌家在有愛的地方

家是什麼？

家，應該是溫暖的，讓人依戀的，讓人最想回去的地方。家裡裝的應該是日子，平平常常的日子，裝的是實實在在的柴米油鹽。家裡裝的是愛，有愛的地方才叫家。家不是房子，因為當你和你的親人一旦從那裡搬走，一旦那裡失去了溫馨和親情，你還會認為那裡是你家嗎？

在一個繁華的大都市，有一個醉漢躺在街頭，警察把他扶起來，一看是當地的富翁。當警察根據富翁身分證上的地址送他回家時，富翁說：

「家？我沒有家。」警察指著不遠處的別墅問：「那是什麼？」富翁說：「那是我的房子。」

在我們這個世界，許多人都這麼認為，家，不過是一套房子或一處庭院。然而，當你從那裡搬走，那裡一旦失去了愛與溫馨，你還會認為那裡是家嗎？對名人來說，那裡可能算是故居；對一般老百姓來說，只能說曾在那裡住過，那裡已不再是家了。

家是什麼？冰心這樣用詩回答：「我不知道／但煩悶 —— 憂愁／都在此中融化消滅」。

西元 1983 年，發生在盧安達的一個真實的故事，也許能給家做一個貼切的注解。盧安達內戰期間，有一個叫熱拉爾的人，37 歲，他的一家有 40 口人，父親，兄弟，姐妹，妻兒幾乎全部離散喪生，房屋也被戰火焚燒得一乾二淨。絕望中的熱拉爾，在一次意外中打聽到 5 歲的小女兒還活著，他輾轉千里，冒著生命的危險找到了自己親生骨肉。悲喜交加的熱拉爾，將女兒緊緊地摟在懷裡，第一句話就是：「我又有家了！」

沒有家的熱拉爾，卻激動地宣稱有了家！可見，在這個世界上，家是一個充滿親情的地方，它有時在竹籬茅房，有時在高屋華堂，有時也在無家可歸的人群中。只有沒有親情的人和被愛遺忘的人，才是真正沒有家的人。

給家人多些愛

一位父親忙碌了一天，下班回家時已是華燈初上。他有點疲憊，有點煩。

五歲大的兒子站在路燈下，等著下班的父親從遠處回來。

父親進門時，孩子怯生生對父親說：

「爸，我可以問你一個問題嗎？」

「什麼問題？」

「你 1 小時可以賺多少錢？」

「這與你無關，你為什麼問這個問題？」父親生氣地說。

「我只是想知道，請告訴我，你 1 小時賺多少錢？」孩子哀求。

「假如你一定要知道的話，唔……」父親迅速心算，「我 1 小時賺 200 元。」

「喔，爸，我現在存到 200 元了，我可以向你買一個小時的時間嗎？明天請早一點回家，我想和你一起吃晚餐。」

這個故事讓人動容：時間可以換取金錢，也可以換取家庭的親情和快樂。給家庭擠出些時間吧！因為有些東西是拿錢買不到的。

現代人的生活壓力越來越大，為了生活我們不得不在外面努力打拚。千萬不要以為努力提供給家人更優越的物質享受，是我們應盡的、唯一的義務。人是有感情的動物，精神上的需求是金錢所不能代替的。其實，在情人節裡和丈夫（妻子）吃頓燭光晚餐，在兒童節帶孩子去趟動物園，並不會花去你多少時間。你若能將愛表達得感性一點，相信你會因此擁有一個更加和美的家庭，而感到精神百倍！

生活中，我們常常聽見有人說，「等我有錢了，一定要讓我爸我媽過好日子，讓他們去旅遊，讓他們……」等等。但是，又有幾個人知道這樣一句古話「樹欲靜而風不止，子欲養而親不在」呢？

很多人都有這樣的經歷：父母為了把我們養大成人，捨不得吃，捨不得穿，千方百計地提供我們經濟來源。斗轉星移，當年的孩子步入職場了，要結婚，要買房，要幫孩子賺學費……在各式各樣的忙碌中，他忽視了遠在老家的雙親。也許，他還在想：等我再有些錢，就請他們去大飯店

好好吃一頓，讓他們出去旅遊……然而在你去賺這些錢的過程中，忽然有一天，你發現這些錢已無法再花費出去了……這種痛，永遠無法彌補；這種傷，永遠無法癒合。

錢永遠沒有賺夠的時候，但人的生命卻有盡頭。請在給予家人愛時，不要再給自己尋找等候的理由。

美國雅芳集團（Avon）董事會主席兼首席行政執行官鐘彬嫻就是一位極其珍愛家庭的人，她曾在一天裡接到兩份邀請函：一份發自白宮，美國總統布希（George Walker Bush）要召見她；一份來自女兒就讀的學校，校方要她去陪女兒參加一場鋼琴賽。面對兩個都很重要、但又不能同時參加的邀請，鐘女士毅然放棄了前者，選擇了後者。按照一般人的理解，無論如何也要放下手頭所有的事情，直赴白宮晉見總統，這是多麼大的榮耀和不可多得的機會呀！可她為什麼選擇到學校陪伴女兒參加活動呢？

這位曾連續 6 次榮獲全美 50 位最有影響的商界女性的解釋是：「今天不去見總統，日後還有機會；而對女兒來說，什麼時候都不能讓她失望，不能讓女兒為此事抱怨我，否則我會後悔一輩子。對我來說最重要的是女兒的感受！」鐘女士不僅是位極成功的商界女性，也是位極聰慧的母親，她深深明白，事業的成功只能帶給自己成就感，而家庭的快樂才能帶來更多的幸福感。因此，她看重自己的事業，更看重自己的家庭。

事業再偉大，錢賺得再多，沒有了家人的愛，也就沒有了家，也談不上成功。有愛、有家，才是觸手可及的幸福。

如果愛需要理由

愛需要理由嗎？

也許吧！因為，不是有哲人說過「世上沒有無緣無故的愛，也沒有無

緣無故的恨」嗎？

愛需要理由的話，又是什麼樣的理由呢？

一個非洲裔美籍家庭，他們的父親去世了，家人們從父親的人壽保險中獲得了一萬美元。

母親認為這筆遺產是個大好機會，可以讓全家搬離哈林貧民區，住進鄉間一棟有院子可種花的房子。

聰明的女兒則想利用這筆錢去實現念醫學院的夢想。

然而大兒子提出了一個難以拒絕的要求。他希望獲得這筆錢，好讓他和「朋友」一起開創事業。他告訴家人，這筆錢可以使他功成名就，並讓家人生活好轉。他答應只要取得這筆錢，他將補償家人多年來忍受的貧困。

母親雖感到不妥，還是把錢交給了兒子。她承認他從未有過這樣的機會，他應該獲得這筆錢的使用權。

然而，他的「朋友」很快帶著錢逃之夭夭。失望的兒子只好帶著壞消息，告訴家人未來的理想已被偷竊，美好生活的夢想也成為過去。

妹妹用各種難聽的話譏諷他，用每一個想得出來的字眼來責罵他。她對兄長無限的鄙視。

當她罵得差不多時，母親插嘴說：「我曾教你要愛他。」

女兒說：「愛他？他已沒有可愛之處。」

母親回答：「總有可愛之處。你若不學會這一點，就什麼也學不會。你為他掉過眼淚嗎？我不是說為了一家人失去了那筆錢，而是為他，為他所經歷的一切及他的遭遇。孩子，你想過什麼時候最應該去愛家人：當他們把事情做好，讓人感到舒暢的時候？不，若是那樣，你還沒有學會如何付出你的愛，因為那還不是時候。應該在他們遭遇挫折後意志最消沉，

並且不再信任自己而受盡折磨的時候。孩子，衡量別人時，要用中肯的態度，要明白他走過了多少高山低谷。」

故事中的母親的話，淺白平實，卻道破了一個很多人不知道的祕密。錦上添花不是愛的理由，雪中送炭才是愛的理由。但我們當中有多少人，在親人春風得意時不吝嗇自己的讚美、關愛，而在親人受傷時不是幫他們撫平創傷，而是在傷口上撒鹽！

幸福不過是好的身體和壞的記憶力

有人問一個整天笑口常開的老者：「老爺爺，您為什麼整天都那麼高興呀？」

老爺爺笑著回答：「因為我感覺日子過得很幸福！」

「可是，您為什麼那麼幸福呢？」

「因為我身體好呀！」

「身體好？我的身體不比您差，可是為什麼我感覺不到幸福呢？」

「呵呵，我有點健忘，所以很幸福。」

來人還是沒有開竅。看到這個年輕人一臉納悶的樣子，老爺爺補充了一句：「幸福啊！不過是好的身體和壞的記憶力。」

平安與健康是幸福的本錢

我們都知道健康是快樂的基礎，但你若問一個健康的人，你感覺快樂嗎？他很可能會說：我沒法快樂起來，投在股市裡的錢已經虧了一大半，上筆業務出了點問題導致損失了幾百萬，孩子學習也不好……等等。只有在身體出現狀況，生病痛苦時，他才會感到健康其實是最大的幸福。甚至在心中發誓：等我病好了，一定不再被這些事情攪擾心情，一定要保持健

康快樂的人生。大病初癒時，他的確能做到如此，看看外面的天是那麼藍，空氣是那麼清新，放鬆身心，覺得一切都是這樣美好。但遺憾的是，過不了多長時間，他又會恢復原來的狀態，陷入慾望的追求當中，忽略了健康的重要性。

其實，世間沒有一樣東西比我們的身體更為寶貴，我們應該懂得必須不惜一切代價來保護身體。

有一個上班族，說自己如果有了 100 萬，就會擁有幸福。於是，他拚命地賺錢。一年 365 天，他沒有和家人一起度過任何週末，甚至沒有讓自己好好吃過一頓像樣的飯。就這樣，幾年過後，他真的賺夠了 100 萬，但因為長期勞累和飲食不當，他罹患了胃癌。這時候，他很想用 100 萬換回他的健康，換回和家人的團聚，換回親情和朋友，但是，一切都晚了。

人生最大的幸福是平安和健康。此話雖人人皆知，但要真正領悟，卻非易事。試看古今中外之人，或為名所惑，或為利所動，或為官位而奔波，或為愛情而苦惱，把名、利、祿、情視為人生的最高追求，卻不知人生最大的財富只是自身的健康。

說來奇怪，老天偏偏給年輕人安排了一副健康的好身體，而大多數年輕人又偏偏不愛惜自己的健康。

許多人因為沒有善待自己的身體，致使身體機能減弱、能力喪失。還有許多人將精力浪費在憤怒、憂慮、怨恨以及瑣碎的事情上，甚至有的人在這些事情上耗費的精力，比用在正式工作上的體力還多，這使得力量浪費無度，最終事業得不到成功。

當你感到精神不足或體力不支時，放下手中的工作，讓自己休息一下，或散散心，或閉上眼睛，這會對你的工作有多少損失呢？

好的身體，不僅包含強健的體魄，還包含健康的精神。

我們知道，擁有樂觀、積極、愉快的思想，可以給予我們一種快樂、幸福、向上的感覺。它彷彿是一股電流，流遍我人的全身；它能帶給我們希望、勇氣與生活動力。

每個人面對的世界，所處的環境，大都是我們自己造成的，我們可以將憂鬱、困苦、恐懼、失望塞滿整個世界，使生命變得悲愁、痛苦；也可以驅除一切悲愁、惡意、恐懼等思想，而使自己的環境、空氣變得一片清澈。

假使我們從現在開始，懷著愉快、積極、樂觀的思想，將一切有破壞性、腐蝕性的思想拒於心靈之外，那我們以後的人生將會減少多少不必要的損害與耗費，我們這樣就都可以健康長壽了！

健康的身體，是最大的幸福。簡簡單單幾個字，卻貫穿了沉重的人生。人的一生只有平安、健康，才能實現自己的夢想；人的一生只有平安、健康，才能對未來充滿希望。

記憶如同一本獨特的書

「老婆，對不起，我說過三年裡一定會讓你住進屬於我們自己的房子，但是……」男的在一次喝醉後，對女的這麼說。

「是嗎？我怎麼不記得了。」女的回答。

「我那天不應該罵你愚蠢，是我不對。」男的繼續懺悔。

「你這樣罵過我嗎？我怎麼不記得了。」女的回答。

男的一定是有過這樣的誓言與責罵，但女的已經「不記得」了。無論他們之間的感情是否還在，「不記得」都是一種最好的回答。在「不記得」的基礎上，可以重新開始，也可以就此結束。

世界上最令人討厭的莫過於有這樣一種人，只要他們一打開話匣子，

就說個沒完，一些陳年往事，他都一字不漏記得。有時讓人感到納悶，人的大腦到底能有多大的空間？能貯藏多少記憶？就算是電腦也還得點擊後才能檢索，這些人腦則張嘴就來，彷彿事件就含在他嘴裡，隨時可以準確無誤地傾吐。其實也不盡然，同樣是人，有些事情又轉瞬即忘，甚至幾天前說的話，做的事，竟然忘得一乾二淨。那麼，人們究竟該記住什麼？又該忘記什麼？

我們以人世間存在最普遍的恩仇來說吧！有人記恩不記仇，也有人記仇不記恩。一個人，只要看看他一生中記住些什麼，忘記些什麼，就能大致上觀察出他的心胸、氣度和人品。記恩不記仇的人，一般都豁達大度，為人磊落，感恩而不計前嫌；記仇不記恩的人，一般都胸懷狹隘，心境陰暗。

健忘是一種糊塗，但健忘的人生未嘗不是一種幸福，因為人生並不像期望的那麼充滿詩情畫意，那麼快樂自在。人生中有許多苦痛和悲哀、還有令人厭惡和心碎的東西，如果把這些東西都儲存在記憶之中的話，人生必定越來越沉重，越來越悲觀。實際上情景也正是這樣：當一個人回憶往事的時候就會發現，在人的一生中，美好快樂的體驗往往只是瞬間，占據很小的一部分，而大部分時間則伴隨著失望、憂鬱和不滿足。

既然如此，讓自己健忘一點、糊塗一些有什麼不好呢？它能使我們忘掉憂怨，忘掉傷心事，減輕心理上的重負，淨化不良的思想意識，讓把我們從悲痛記憶的苦海中解脫出來，忘記我們的罪孽和悔恨，俐落地做人和享受生活。

過去的就讓它過去吧！記憶就像一本獨特的書，內容越翻越多，而且描述越來越清晰，越讀就會越沉迷。有很多人好像是為記憶而活著，總是執著於過去，不肯放下。還有一些人似乎生性健忘，過去的失去與悲傷對他們來說都是過眼煙雲，他們從不計較過去，不眷戀歷史，不歸還舊帳，

活在當下，展望未來。

　　當然，人也不能全部將過去忘記。別人對你的好，你要記得。我們該忘記的事物，一是過去的仇恨。一個人如果在頭腦中種下仇恨的種子，夢裡都會想著怎麼報仇，他的一生可能都不會得到安寧。二要忘記過去的憂愁。多愁善感的人，他的心情長期處於壓抑之中而得不到釋放。愁傷心，憂傷肺，憂愁的結果必然多疾病。《紅樓夢》裡的林黛玉不就是如此嗎？在我們生活中，憂愁並不能解決任何問題。三要忘記過去的悲傷。生離死別，的確讓人傷心。黑髮人送白髮人，固然傷心；白髮人送黑髮人，更叫人肝腸欲斷。一個人如果長時間地沉浸在悲傷之中，對於身體健康是有很大影響的。與憂愁一樣，悲傷也不能解決任何問題，只是給自己、給他人徒增煩惱。逝者長已矣，存者且偷生。理智的做法是應該學會忘記悲傷，儘快走出悲傷，為了他人，也為了自己。

　　「人生不滿百，常懷千歲憂」，有何快樂可言？在生活中能選擇「健忘」的人，才有可能活得瀟灑。當然，在生活中不該忘記的事真的健忘，丟三落四，絕非樂事。我們說學會「健忘」，是說該忘記時不妨「忘記」一下，該糊塗時不妨「糊塗」一下。

　　快樂不是因為擁有釣多，而是因為計較的少

　　有時候，我們總感覺心裡堵得慌。

　　心裡堵得慌，一定是有什麼東西堆積在裡面發酵、霉變，從而影響到自己的情緒。

　　為什麼不將堵在心裡的東西清除呢？—— 因為太執著。認定的事一定要做到，認定的理一定要占有，認定的人一定要得到……卻從不想想，憑什麼你認定的就一定要歸你？

　　當心靈被各種慾望、執著所塞滿，人就很容易走入偏激的死胡同。

▎快樂不是因為擁有的多，而是因為計較得少

有個滿面愁容的人死後進入天堂，上帝召見了他。這個人對上帝哭訴了自己在人間的種種苦難，仁慈憐憫的上帝決定在這個人下一次投胎時，讓他過美好的生活。於是上帝問他：「告訴我你下次投胎的願望，我將盡量滿足你。」

他回答：「我希望我很有錢，很有才華，長得英俊瀟灑，能獲得最高的學位，當上高官並成為有名望的人，別墅香車絕不能少，當然還要有一個美麗賢慧的嬌妻和一對聰明伶俐的兒女⋯⋯」

他的話還沒有說完，就被上帝打斷了。上帝嚴肅地說：「先生，世界上如果有這麼美好的事情，我還不如把我的位子讓給你，由你安排我投胎去那裡算了！」

—— 看來上帝過的也不是那麼如意的生活，更無法給人一個事事如意的人生。

佛家則認為，人要成佛，首先得「破執」。簡單地說，破執也就是破除心中的執著。《金剛經》中有云，「應無所住而生其心。」這句話的意譯是：執著是一個人的內心最頑固的枷鎖。放下執著，少些計較，就能讓心的力量釋放出來，自由地發揮它的作用。

從現在起，做人做事都學得大度一點，不必太貪念，不必太執著，在自己的心靈中開墾出一片空地，讓希望可以生長，讓歡樂能夠嬉戲。一年四季，你的內心就會充滿靜謐與愜意。

讓自己的思緒面朝大海，讓自己的心情春暖花開！

知足與不知足

心裡有了太多的慾望，就會徒生煩惱。很多人根本就不知道滿足，埋怨自己沒有生在富貴之家，抱怨子孫們不能個個如龍似鳳……

貪婪其實是最真實的貧窮，滿足才是最真實的財富。列夫‧托爾斯泰說過：「俄羅斯人對於自己的財產從不滿足，而對於自己的智慧卻相當自信。」從這裡就說明了知足有其自身的雙重性。人們對於物慾的追求總會優越於精神的追求。一個人在精神上的知足後往往不能在物質上得以滿足，這與人類的第一需要必須是溫飽有關。

知足與不知足是一個量化的過程。我們不可能把知足一直停留在某一個水準上，也不可能把不知足固定在某一個需要上。不同的年代，不同的環境，不同的階層，不同的年齡，不同的生活經歷，知足與不知足總會相互轉化。比如，生活條件窮苦的年輕人還是以不知足的好，唯有這樣生活才會改觀。但知足於現在生活的人從不強迫自己爭當強人，他們會把按時領取薪水當作一種最大的慰藉。

知足會使人感到平靜、安詳、達觀、超脫；不知足會使人躁動、激進、求變、奮鬥；知足智在知不可行而不行，不知足慧在可行而必行之。若知不行而勉為其難，勢必勞而無功，若知可行而不行，這就是墮落和懈怠。這兩者之間實際上是有一個「分寸」的問題。分寸是智慧，更是水準，只有在合適溫度的條件下，樹木才能夠發芽，而不至於把鋼材煉成生鐵。俄羅斯童話《漁夫和金魚》中的那位老婆婆就是不懂得知足的最大失敗者，她錯就錯在沒有掌握好「知足」的分寸。

在知足與不知足兩者之間，人應更多地傾向於知足。因為它會使我們心地坦然。無所取，無所需，同時還不會有太多的思想負荷。在知足的心態下，一切都會變得合理、正常且坦然，在這樣的境遇之下，我們還會有

什麼不切合實際的慾望與要求呢？

　　學會知足，我們才能用一種超然的心態去面對眼前的一切，不以物喜，不以己悲，不做世間功利的奴隸，也不為凡塵中各種攪擾、牽累、煩惱所左右，使自己的人生不斷得以昇華；學會知足，我們才能在當今社會愈演愈烈的物慾和令人眼花繚亂、目迷神惑的世相百態面前神凝氣靜，才能夠做到堅守自己的精神家園，執著地追求自己的人生目標；學會知足，就能夠使我們的生活多一些光亮，多一份感覺，不必為過去的得失而感到後悔，也不會為現在的失意而煩惱。從而擺脫虛榮，寵辱不驚，心境達到看山心靜，看湖心寬，看樹心樸，看星心明……

　　知足固然常樂，但一味的知足，也未免太消極。作為活在滾滾紅塵中的凡人，有一句話值得牢記一生：「以出世的態度做人，以入世的態度做事。」這句話是從著名的美學家朱光潛的一篇文章中提煉出來的。朱光潛在一篇文章中，提到了兩種人生態度：「絕世而不絕我」和「絕我而不絕世」，最後他指出理想的人生態度應是「以出世的精神做入世的事業」。朱先生的文章寫於幾十多年前，但歷史的灰塵終掩蓋不住其深邃的思想。

　　人生百態，難免世事紛擾，以超然的態度去對待，就是所謂的出世。生而為人，要做事謀生，積極主動地用有限的人生去造就更大的輝煌，這就是所謂的入世。出世與入世的態度聚於一身，看似矛盾，其實卻是一種矛盾的統一，一種互補，一種和諧。「以出世的態度做人」主要指的是人的心態，是一種做事之外的超然的態度。「以入世的態度做事」是指人的行動。兩者不可偏廢，更不能顛倒。

　　做人於世外，做事於世內。就像臘梅開在深山幽谷或名苑勝地，皆不卑不亢、傲霜鬥雪，綻放著自己的美麗。一味地「出世」，未免太「消極」了；光知道「入世」，則難免落入世俗爭鬥之窠臼。只有將「出世」對於

「人世」有機地結合，該進則進，當出頂出，行止有度，屈伸合拍。對自己不放縱、不任意，對別人不挑剔、不苛求，對外物不貪戀、不沉淪。

少事是福，多心為禍

對一個人來說，最大的幸福絕對不是榮華富貴，而是平安無事、不招惹任何禍端。禍端的來源，有些是具有不可抗力的，人們無法預知亦無法規避。不過這種類型的禍端畢竟不多，人生中的禍端絕大部分是來源於自身。

俗話說：少事是福，多心為禍。很多是非，就是因為一個人多心、多事而引起的。朋友的妻子小敏最近和婆婆鬧翻了，起因是為了50元。小敏放在桌子上的50元不見了，問丈夫是否有拿。丈夫說沒有。然後大家就開始找，還是沒有找到。來家中幫助小夫妻帶孩子的婆婆這下慌了，婆婆本來就沒有拿，但她怕兒媳懷疑自己。婆婆越是怕被懷疑，心裡越是發慌。越發慌，就越覺得兒媳在懷疑自己。婆婆心理壓力大，就趁沒人的時候給公公打電話訴苦。公公聽了，立即打電話給兒子，將兒子訓斥一頓：你媽媽年紀那麼大，大老遠地跑來幫你們帶小孩，請個保母還要付薪水，她不要薪水盡心盡責地幫你們，你們還懷疑她偷你們的50元？你不知道你媽媽是什麼樣的嗎？……一陣怒罵搞的兒子暈頭轉向。兒子回家，告訴了妻子。妻子不服說道：我沒有懷疑啊！沒有懷疑？婆婆生氣了：你某天說了什麼話、做了什麼事，就是對我不滿……剩下的就不用再多講了，通常的家庭矛盾就是這樣開啟序幕的。

後來，婆婆一生氣回了老家，離開了疼愛有加的小孫子。兒子兒媳沒辦法，只好雇保母來照看孩子。整個兩敗俱傷。其實，很多家庭的矛盾就是因為這樣一些瑣碎事情引起的，公說公有理，婆說婆有理。但我們的確

分辨不出來誰有理。像這個例子中，似乎誰也沒錯。要說錯的話，他們又都有錯。兒媳錯在不見錢了，可以裝糊塗──不就 50 塊錢嗎？或許是自己記錯了或者掉在掉個角落一時沒找到。即使要追究，也應該考慮到避開婆婆，單獨問自己的丈夫。所以，兒媳錯在多事。而婆婆錯在多心。本來就沒有拿，也沒有人懷疑你，你何必自己覺得不自在呢，不如糊塗一點。此外，兒子和公公的一些帶有「挑事」的做法，也都有值得商榷的餘地，在此就不再一一分析。

人與人的交往免不了會產生矛盾，有了矛盾，平心靜氣地坐下來交換意見予以解決，固然是上策，但有時事情並非那麼簡單，因此倒不如糊塗一點的好。糊塗可給人們帶來許多好處：

一則，可以減去生活中不必要的煩惱。在我們身邊，無論同事、鄰居，甚至萍水相逢的人，都不免會產生些摩擦，引起些氣惱，如若斤斤計較，患得患失，往往越想越氣，這樣於事無補，於身體也無益。倘若做到遇事糊塗些，自然煩惱就少得多。我們活在這世上只有短短的幾十年，卻為那些很快就會被人們遺忘了的小事煩惱，實在是不值得的。

二則，糊塗可以使我們集中精力於事業。一個人的精力畢竟是有限的，如果一味在個人待遇、名利、地位上徘徊，或把精力白白地花在鉤心鬥角、玩弄權術上，就不可能利於自己的發展。雖然這樣做可能使自己當上某種地位的高官，但那不過是世上又多了一個昏官庸吏。大凡世上有所建樹者，都有些糊塗功。清代「揚州八怪」之一鄭板橋自命糊塗，並以「難得糊塗」自勉，其詩畫造詣在他的「糊塗」當中達到一個極高的水準。

三則，糊塗有利於消除隔閡，以圖長遠。《莊子》中有句話說得好：「人生大地之間如白駒之過隙，忽然而亡。」人生苦短，又何必為區區小

事而耿耿於懷呢？即使是「大事」，別人有愧於你之處，糊塗些，反而感動人，從而改變人。

四則，遇事糊塗也可算是一種心理防禦機制，可以避免來自外界的打擊對本人造成心理上的創傷。鄭板橋曾書寫「吃虧是福」的條幅。其下有云：「滿者損之機，虧者盈之漸。損於己所彼，外得人情之平，內得我心之安。既平且安，福即在是矣！」正基於此念，才使得鄭板橋老先生在罷官後，騎著毛驢離開官署去揚州賣書。自覺地使用各種心理防禦機制，可以避免或減輕精神上的過度刺激和痛苦，維持較為良好的心境，可以避免精神崩潰。

沒有一百分的另一半，只有五十分的兩個人

夫妻兩個人能相遇、相知，最後相守，其實是一個很艱難的磨合過程。

有時，我們會抱怨、責備另一半為什麼不能做得更好些。其實人沒有完美的，我們本身就不夠完美，又怎麼能去苛責對方呢？

百年修得同船渡，千年修得共枕眠。兩個人在一起，不是為了誰、去拯救誰，而是為了相互扶持，不斷地自我完善，過上比一個人更好的生活。

婚姻是一種非常高的理想，它的解決需要我們做出許多的努力和創造性活動。身心不健康的人，是很難負起這個重擔的。

沒有一百分的另一半，只有五十分的兩個人。我們雙方，都是不完美的人，而我們加起來恰好是一個圓滿的圓。有些事情不要苛求完美，多一些包容，多一分理解，就能和和美美，就能海闊天空。

有一味毒藥叫完美

夢中的情人也許會很完美，現實中的伴侶卻多少有些缺陷或者缺點；廣告中的商品也許會很完美，真正用起來卻往往不盡如人意。完美只存在於虛幻當中，而不完美卻是一種真實。追求完美是一種不正常的心態，在這種心態下的人會因為追求完美而勞累，會因為追求不到完美而傷心。

古人云：甘瓜苦蒂，物不全美。又云：金無足赤，人無完人。西施的耳朵比較小，王昭君的腳背肥厚了些，貂蟬有點體味，楊玉環略胖了些，趙飛燕又瘦了點……俄國哲學家、作家車爾尼雪夫斯基（NikolayGavri-lovich Chernyshevsky）有一句名言：「既然在太陽上也有黑子，人世間的事情就更不可能沒有缺陷。」

這個世界從來就沒有完美過，洪水、戰爭、瘟疫、酷暑、嚴冬……在不可能完美的世界追求完美，是對世界的不認可不寬容，是對他人的不認可不寬容，同時也是對自己的不認可不寬容。這樣的人最終要成為孤獨的人，生活在孤寂和焦灼之中。生活的目的在於發現美、創造美、享受美，而不該盯著不完美、不理想的事物去苦苦折磨自己。

追求完美的人總背負著沉重的精神包袱，給自己的生活帶來了巨大的壓力和無窮的煩惱。他們總是抱著一種不正確的態度在對待生活，他們永遠無法讓自己感到滿足、幸福和快樂，每天都生活在焦灼不安中。

從哲學的意義上講，在這個世界上並沒有什麼事能稱得上完美，否則，這個世界就不會再向前，好與美都只是相對而言。如果我們能明白這個道理，生活中就能避免不少痛苦。

追求完美婚姻的人會因為自己始終達不到理想中的目標而感到失望，失望中人又會變得消沉、焦躁，無端生出對生命的抱怨，這些壞情緒將更

加影響夫妻間的感情，感情和生活只會變得越來越糟糕。這是一種可怕的惡性循環。因此，對於那些追求完美的人來說，培養一種「不完美主義」就顯得極為重要了。

完美主義者是跟快樂絕緣的。他們可能得到了一個好聽的名詞，卻付出了慘重的心理代價。我真想對每一個人說：「永遠別渴望去成為一個完美主義者，因為他們總是一心一意要把天堂變成地獄。」

完美很難達到，追求往往徒勞。不求盡如人意，但求無愧我心。

人生，沒有絕對的圓滿。讓我們用寬容的心，去補足了那些缺憾，讓人生盡量圓滿。

追求事事完美肯定是一件痛苦的事，它就像是毒害我們心靈的毒藥。眼前的這個世界永遠不可能是完美的，過去不是、現在不是、將來也不是，它只能是以需要不斷完善的形式呈現在我們的眼前。我們如果事事追求完美，那無疑是自討苦吃。所以哲人說：「完美本是毒。」

幸福需要將就與遷就

柴米鹽油醬醋茶，鍋碗瓢盆菜刀叉……家庭裡的事情瑣碎得讓人索然無味，無聊之中千萬不要認真計較。家人之間很少有涉及原則立場的大是大非問題。一家人非要用「顯微鏡」的眼光去看問題，分出個對和錯來，又有什麼意義呢？

比如，有些女人喜歡把家裡布置得乾淨整潔，這本來是一個很好的優點，但若是追求過度了就恐怕會讓人難以忍受。我有個朋友不願意回家，就是因為他的妻子老是嘮叨他這也不是那也不是：襪子亂扔，腳亂放，看過的圖書雜誌沒有及時歸位……久而久之，丈夫總是沒辦法符合妻子的標準，對於妻子的要求感到厭煩（妻子也對他「屢教不改」感到失望）。婚

姻的幸福就在彼此厭惡和爭執中損耗殆盡。真是很悲哀，婚前海枯石爛的誓言竟敵不過一雙錯放在角落裡的襪子。但事實就是如此。所以，在家裡還是多學會一些將就與遷就。要知道，和一個人在一起生活，不僅代表你要享受他的優點，更多的是要將就他的缺點，遷就他的過去。

再來開一下男人的批鬥會。女人愛美和貪便宜似乎是天性，大多數女人在美麗的衣裳、小配飾或便宜的商品面前是禁不住誘惑的，直到錢包空了，才可能有點後悔，但在下一次又忘記了。身為男人，對這種事不要過度地指責。人都有一些小缺點。同學的老婆經常會給家裡買回一些不需要的東西。同學告訴我，他老婆有段時間喜歡買滿花瓶回家，理由總很充分：漂亮呀！便宜呀！在別家店要賣 100 多，而我這個只花了 50 元……她從不考慮家裡已經沒有適合擺放的地方了。同學是理工科的，邏輯思考很強，覺得無法理解老婆的「荒唐」做法。於是，時間一長，兩人之間就有了摩擦和矛盾。

再說最讓年輕女人頭疼的婆媳關係，哪一件糾紛涉及了大事？無非都是些諸如兒媳多開了幾盞燈（浪費電）、老公私下給了婆婆一點錢之類的小事。結果婆媳反目成仇，甚至家庭離散的都有。為了什麼呢？幾盞燈還是一點錢？

還有孩子。都說孩子是自家的好。怎麼個好法？上各式各樣的補習班，3 歲會背誦 50 首唐詩、4 歲將〈藍色多瑙河〉的鋼琴曲彈得行雲流水、5 歲能與外國人日常對話……至於品行，就要求更嚴格了：違背任何一條規矩，嚴懲不貸。這是為了什麼呢？培養聖人？聖人是這樣培養出來的嗎？還是蘇東坡在他兒子滿週歲時寫的〈洗兒詩〉說得好：「人家養子愛聰明，我為聰明誤一生。但願生兒魯且愚，無災無病到公卿。」

生活就是這樣，每天都在發生有形無形的戰爭。許多狗屁倒灶、雞毛

蒜皮的事，說多了還叫人笑話，然而每個人都在生活的粗俗和瑣碎之間承受考驗。愛一個「完美」的人並不難，愛一個「有缺陷」的人卻很難，長久地愛一個這樣的人更是困難。而唯獨如此，人的感情才顯得深沉厚重、感天動地。說到底，在上帝如炬目光的審視下，我們誰敢大言不慚地說自己是「完美」的人呢？

愛一個人，便意味著全心全意、無條件地接受他（或她）的一切，包括在他堅強外表掩蓋下的脆弱、誠實背後的虛偽、才華表象下的平庸和勤勞反面的懶惰，甚至要忍受婚前不曾被發現的種種生活惡習。誠實、善良、美麗、賢惠的是你的妻子；虛偽、做作、小氣、庸俗的也是你的妻子。在外誇誇其談、不可一世的是你的丈夫，在家打老婆、罵孩子，言語粗鄙、行為粗俗的也是你的丈夫。人前油頭粉面、西裝革履的是你丈夫，人後挖鼻孔、摳腳趾、從不洗襪子的也是你的丈夫。否定了伴侶醜陋的一面，也就否定了他的全部；否定了他的全部，也就否定了你自己的生活。

有人說：愛一個人，就應該也愛上他（她）的缺點。這話看上去很美，但事實上很難做到，同時也並不值得提倡。缺點很少有可愛的，如果可愛，就不是缺點而是優點了。我的妻子的優點很多，但也有一些缺點，如個性急，如家裡整理得不夠整潔。坦白說，要我去愛上她的缺點，我做不到，但我能努力去接受，因為我知道人無完人，我本身也有不少缺點。我在戀愛的時候就知道了她個性急的缺點，但我覺得她的缺點是在我的容忍範圍之內，我可以接受而不需要去忍受。而結婚之後，我又發現了她在家事整理上略微欠缺，怎麼辦？適度的溝通加必要的將就與遷就。

戀人也好，配偶也罷，抓大放小。只要不是大的原則問題，又何苦把雙方搞得那麼累？生活是現實的，愛情是存在的，兩個人在一起朝夕相處，就別計較太多了。

187

披散著衣襟，反穿著鞋子的人是活佛

明朝時候，有個叫楊黼的人，十分敬慕四川那地方一個叫無際大師的人的道行，便啟程往西去拜訪他。走到半路，遇到一個老僧，老僧很叫出了他的名字，又說：「無際大師就是我的師傅，師傅叫我來傳話給你，說你不必去見他了，讓你不如去見另一個活佛。」

楊黼問：「這個活佛在哪裡？」老僧道：「你轉身，一直往東走，若見到一個披散著衣襟、鞋子也穿反了的人，那就是活佛了。」

楊黼便回轉身往來路走，走到半夜，才發現又回到了家中。他懷疑半路遇上的老僧是在戲弄他，感到很沮喪，但也只好伸手去敲自家的門。屋裡正睡著的母親一聽到是楊黼的聲音，高興得一下子爬起來就去開門，衣領也開著來不及扣好，鞋子穿反了就走出來。

楊黼一見到母親的模樣，頓時大悟，原來，活佛就是自己的母親呀！從此，他盡力孝敬母親，並因校注了一部《孝經》而聞名。

寒夜遠歸的旅人，叩他人門不應，唯有自己的母親，聽到兒女回來才會喜不自禁，往往衣不及扣，履不及穿，此等慈悲心，何異活佛！然而人們往往忽略家家都有一個活佛在，卻捨近求遠，去拜天邊的什麼活佛，這真是值得人們深思呀！

父母恩重何以為報

父愛如山，母愛似水。天下父母之愛，其實都在一針一線、一封家書、一件小事之中。母愛是溫暖的外衣，時時關愛著你的身體；父愛是貼身的背心，刻刻包圍著你的心。父愛母愛是你身上的兩重衣，無時無刻不圍繞著你的前後，無論你遠隔千山萬水，還是在天涯海角，父愛母愛都在你身上緊緊纏繞。

即使是在最普通人的經歷裡，父愛母愛也是一樣的偉大。父母為你的成長付出代價的是：悄悄變白的黑髮和日益蒼老的面龐。不是每個人都有幸及時聽到他們安慰和鼓勵的話，不是每個人都能時時有他們陪在身邊，分憂解難，不要讓還未實現的報答成為遺憾。

最愛我們的人，往往是最容易被我們所忽略的人。有多少人記得自己父母的生日，並且記得在生日的當天給父母打個電話、送上祝福？

對於一個陌生人的小小幫助，我們有時候反而銘記終身，聲稱所謂的「滴水之恩，湧泉相報」。但你仔細想過父母的恩情嗎？在多數人眼中，父母所做的似乎都是理所當然的，彷彿應該問心無愧地接受。

請坐下來認真地想想：你在生病的時候，他們無微不至的照顧和關懷；在你遇到困難時，他們為你排憂解難，他們對你的鼓勵給予的支持……小到一句關懷的話語，大到整日為你奔波勞累，這些，你就沒有一點感覺嗎？你不應該對他們抱以感恩的心嗎？

其實，父母需要兒女做的不是簡單的物質償還，更重要的是情感層面的。

父母的恩情是永遠報答不完的，即使右肩背父親，左肩背母親，連續背上千年也無法報答他們的恩情。

牢記父母的養育之恩，常懷一顆感恩之心，世界皆美好。

幸福其實就在眼前

一匹可敬的老馬失去了伴侶，身邊只有唯一的兒子和自己在一起生活。老馬十分疼愛兒子，把牠帶到一片草地上去撫養，那裡有流水，有花卉，還有誘人的綠蔭。總之，那裡具有幸福生活所需的一切。

但小馬根本不把這種幸福的生活放在眼裡，每天濫啃青草，在鮮花遍

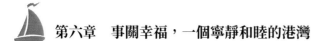

地的原野上浪費時光，毫無目的地東奔西跑，沒有必要地沐浴洗澡，沒感到疲勞就狂睡大覺。

這匹又懶又胖的小馬逐漸對這樣的生活厭煩了，對這片美麗的草地也產生了反感。牠找到父親，對牠說：「最近我的身體不舒服。這片草地不衛生，傷害了我；這些青草沒有香味；這裡的水中帶有泥沙；我們在這裡呼吸的空氣刺激了我的肺。除非我們離開這裡，不然我就要死了。」

「我親愛的兒子，既然這有關你的生命，」牠的父親答道，「那我們就馬上離開這裡。」說完父子立刻出發去尋找一個新家。

小馬聽說要出去旅行，高興得嘶叫起來，而老馬卻不那麼快樂，只是安詳地走著，在前面領路。牠讓的孩子爬上陡峭而荒蕪的高山，那山上沒有牧草，就連可以充饑的東西也沒有。

天快黑了，仍然沒有牧草，父子只好空著肚子躺下睡覺。第二天，牠們幾乎餓得筋疲力盡了，只吃到了一些長不高而且是帶刺的灌木叢，但牠們心裡已十分滿意。現在小馬不再奔跑了。又過了兩天，牠幾乎邁了前腿就拖不動後腿了。

老馬心想，現在給牠的教訓已經足夠了，就趁黑夜把兒子偷偷帶回原來的草地。小馬一發現嫩草，就急忙地去吃。

「啊！這是多麼絕妙的美味啊！多麼可口的青草呀！」小馬高興地跳了起來，「哪來的這麼甜這麼嫩的東西？父親，我們不要再往前去找了，也別回老家去了——讓我們永遠留在這個可愛的地方吧！我們就在這裡安家吧！哪個地方能跟這裡相比呀！」

小馬這樣說，而父親也答應了牠的請求。天亮了，小馬突然認出了這個地方原來就是幾天前離開的那片草地。牠垂下了眼睛，非常羞愧。

190

老馬溫和地對小馬說：「我親愛的孩子，要記住這句格言：幸福其實就在你的眼前。」

熟悉的地方沒風景，太多的美好與幸福，往往令沉浸在其中的人們察覺不到。曾經在報上看過一幅名為「福在哪裡」的漫畫，畫上畫著一個大大的「福」字，一個人站在「福」字的「口」中向外張望，嘴裡問：「福在哪裡？」福在哪裡呢？他真是身在福中不知福啊！

為什麼一定要等到所愛的人離去，人們才會想起他的美好？為什麼一定要父母駕鶴西行，人們才會想起他們的恩愛？靜下心來，好好體會一下那些如空氣般環繞在你周圍的幸福吧！

清朝名士鄭板橋有一句名言：難得糊塗。此言一問世，就受到世人追捧。直至如今，很多人中堂的條幅上還寫著這四個字。

「糊塗」是什麼？糊塗是一種人性的回歸 —— 也就是道家所謂的「返璞歸真」。返璞歸真的意思是：去掉外飾，回覆其原始的淳樸本真狀態。《戰國策·齊策四》中有云：「反璞歸真，則終身不辱。」

第六章　事關幸福，一個寧靜和睦的港灣

第七章
黑白琴鍵上的人生旋律

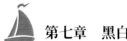

　　一個富人和一個窮人在一起談論什麼是「幸福」。窮人說：「幸福就是現在。」富人望著窮人的房子，輕蔑地說：「這怎麼能叫幸福呢？我的幸福可是住豪宅、吃美食！」世事難料，一場大火一夜間使富人淪落為乞丐。某天，乞丐路過窮人家門口，想討口水喝，窮人端來一碗涼水，問他：「你現在認為幸福是什麼？」乞丐說：「幸福就是此時你手中的這碗水。」

　　清人石成金曾在一首詩中寫道：「有時候薄酒飲幾杯，有時候好書讀幾篇，有時候散步明月下，有時候高歌好花前。隨時皆故里，到處是桃源，無榮也無辱，快活似神仙，如此足矣，更何望焉？」是的，幸福與貧富無關，貧者家居小屋，聞窗外梅香而覺其樂融融；富者處高堂卻懷寂寥和憂淒。幸福要靠感知、靠捕捉，要有一顆豁達的心去品味、去淘取。

　　幸福是一種心情，需要用心去體會。亞伯拉罕‧馬斯洛（Abraham Maslow）說：「心若改變，你的態度跟著改變；態度改變，你的習慣跟著改變；習慣改變，你的性格跟著改變；性格改變，你的人生跟著改變。」悲觀的心態，使人灰心喪氣；樂觀的心態，使人充滿活力。幸福與心態有關，心態決定人生，心態決定命運，心態決定幸福。「禍兮福所倚，福兮禍所伏。」在挫折、不幸、災難或厄運降臨的時候，我們務必保持樂觀的心態，而不能被悲觀的心態所俘虜。我們要以「得意時淡然，失意時坦然」的心態面對人生。既然我們左右不了外部的世界，但我們可以掌握自己的心態。掌握住了自己的心態，也就擁有了一個美麗而安寧的精神世界，幸福就會向我們湧來。

有一種明白叫糊塗

誰都想做個明白事理的人，然而人生的紛繁、人性的複雜，使人不可能在有限的時間裡洞明世界的全部內涵。於是便有人唱了：「霧裡看花水中望月，你能分辯這變幻莫測的世界？濤走雲飛花開花謝，你能把握這搖曳多姿的季節？」並請求「借我借我一雙慧眼吧！讓我把這紛擾看得清清楚楚明明白白真真切切！」

誰能借你一雙慧眼呢？這個世界本來就是交織的、混沌的，你越是想看清，就越會發現自己看不清。看不清卻偏要去看、去認真計較，結果徒生諸多煩惱。於是有聰明人就提出：既然看不清，那就不去追究，乾脆糊塗一點吧！

在皇權至上的封建社會，人們需要「看不清」、裝糊塗。在社會清明的今天，我們同樣需要學習一些「看不清」的糊塗術。即使是太陽下也有陰暗的角落，人身邊的世界不可能總是那麼乾淨整潔。親戚、配偶、同事、鄰里之間的關係與來往錯綜複雜，一個將凡事都看得很清清楚楚、想得明明白白的人。難免斤斤計較、患得患失，由此而與人產生摩擦，引起他人的怨恨與自己的煩惱。

因為明白，所以糊塗

一個剛上大學的孩子，新買的整箱泡麵老是被室友貪圖方便「幫忙」吃掉一些，有些是當面找他要的，有些是私自拿走了。這個孩子是一個聰明人，當他發現自己在成箱地買泡麵會吃虧後，就採取了零買的方式：要吃時才去買一包，買回馬上就吃。他的「明白」讓他不再糊裡糊塗損失泡麵，但他也是有不少損失的：他得三天兩頭地往商店跑，不管是颱風還是下雨；當室友們圍著一包零食在「眾樂樂」時，他卻不再好意思分享……

有一天，這個孩子終於明白了：就算自己每天損失一包泡麵，一個月也就損失幾百元，而他為了堵住這一點點的損失所付出的代價遠遠不止這些。一明白到這個道理，他就糊塗了，從此一箱一箱地買泡麵，也不再計算與計較一箱泡麵自己到底吃了多少。這個孩子後來說，他因此而得到的融洽、安樂的價值，遠遠大於那些泡麵。

就像上面提到的孩子一樣，人一旦真正明白，就糊塗了；而糊塗之後，和身邊的環境就和諧了。糊塗有如一盞紙燈籠，明白是其中燃燒的燈火。燈亮著，燈籠也亮著，能照明道路；燈熄了，它也就如同深夜一般漆黑。燈籠之所以需要用紙罩在四周，只是因為燈火雖然明亮但過於羸弱，還容易灼傷他人與自己，因此需要適當地用紙隔離，這樣既保護了燈火也保護了自己和別人。明白也需要糊塗來隔離。給明白穿上糊塗的外套，既需要處世的智慧，又需要處世的勇氣。很多人一事無成，痛苦煩惱，就是自認為很明白事理，缺乏「裝糊塗」的勇氣。

古往今來，無數聖賢智者在參悟人生後，都發現了糊塗的影子。孔子發現了，取名「中庸」；老子發現了，取名「無為」；莊子發現了，取名「逍遙」；釋迦牟尼看見了，取名「忘我」；墨子看見了，取名「非攻」；東晉詩人陶淵明在東籬採菊時也發現了，但他提起筆時卻又忘記了──他也真夠糊塗的，只好語焉不詳地說「此中有真意，欲辯已忘言」……直到清代，才由名士鄭板橋振臂一呼，擎起一面「糊塗」大旗，高聲地宣稱：「難得糊塗」！

糊塗之難得，就在於理解它太難。糊塗是明白的昇華，是心中有數卻不動聲色的涵養，是超脫物外、不累塵世的氣度，是行雲流水、悠然自得的瀟灑，是掌握整體、抓大放小的運籌，是甘居下風、謙讓闊達的胸懷，是百忍成金、化險為夷的韜略。其實糊塗者哪裡是真的糊塗，他們只是因

為看清了、看透了，明白與清醒到了極致，在俗人的眼裡才成了糊塗而已。

因為心中太明白了，明白自己不能處處明白，於是就裝糊塗了。從腦袋清楚的裝糊塗，到懶得計較的真糊塗，這才算達到了糊塗的最高境界。這種真糊塗，其實也是一種大明白。

有一種明白叫糊塗！一個人越早明白糊塗於人生的意義，就越會早早坐上開往春天的列車。而這種明白，就像飽嘗「春節返鄉車票難買」的人坐上列車，而列車開動的那一刻才會有的感慨。

然而，在我們身邊，我們總是能見到一些自以為很明白事理的人。一點小的瑕疵逃不過他的眼睛，一句隨意的話他也能解讀出其中的各種深意，一點小小往事都能讓他念念不忘……這些所謂的「明白」讓與之打交道的人或小心翼翼，或敬而遠之。

世界絕不完美，人性總有弱點，一定要明白的話，不妨做到真明白：明白主管是因為擺架子才教訓你一頓，明白朋友是因為愛面子才對你信口開河，明白妻子是因為愛美才多花了三五百，明白孩子不過是因為不小心打了一個碗……人一旦真明白了，就開始糊塗了，覺得根本就沒有多大值得計較的意義。而主動糊塗之後，身邊的環境竟然自己變得和諧了。

糊塗其實是一種自得其樂

有一天，一個朋友慌慌張張地跑來對美國作家愛默生說：「預言家說，世界末日就在今晚！」

愛默生望著他，平靜地回答：「不管世界變成如何，我依舊照自己的方式過日子。」

愛默生的回答十分耐人尋味，他面對動盪不羈的人生採取的是一種糊塗的態度，並從中獲得了快樂。

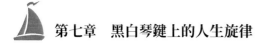

愛默生的糊塗生活態度，彷彿是說在世上想要享受真正的生活，一定不要在乎那些自己所無法掌控的壞消息。就算哪天世界末日真的會降臨到你的身上，你也無須為此擔心，因為世界末日只會來一次，而現在世界末日也還沒來，更重要的是，你我都不會活著記得它的到來，不是嗎？

就像某位哲人所說的：「我們不需要恐懼死亡，因為事實上我們永遠不會碰到它。只要我們還在這裡，它就不會發生，當它發生時，我們也不在這裡了，所以恐懼死亡是沒有意義的。」

在談到人生哲學時，有位智者說過一段這樣的話：「人生如同美國的西部牛仔片。在嘈雜的酒吧裡，惡徒坐著喝酒，流氓拚命打架，而彈琴的人就在這個混亂險惡的處境中照彈不誤。你得學會這琴師的本事，不管在酒吧裡發生了什麼事，你都要照舊彈你的曲子。」

在混亂的環境中，保持自己悠然自得的心境，沒有一定的糊塗功底是無法做到的。我們生活的旋律，太容易被外界所擾亂了。只有對外界的干擾遲鈍一些，糊塗一些，才能夠找到通往靈魂自由之路。

有天下午，張麗正在彈鋼琴，7歲的兒子走了進來。他聽了一會說：「媽，你彈得不好聽！」

是不怎麼動聽，甚至任何認真學琴的人聽到她的演奏都會退避三舍，不過張麗並不在乎。多年來張麗一直就這樣不動所地彈著，她彈得很高興。

張麗也曾熱衷於不動聽的歌唱和不耐看的繪畫，她從前還自得其樂於不擅長的縫紉。張麗在這些方面的能力不強，但她不以為恥，因為她不是為他人而活著，她認為自己有一兩樣東西做得不錯就足夠了。

生活中的我們，常常很在意自己在別人的眼裡究竟是一個什麼樣的形象。因此，為了給他人留下一個比較好的印象，我們總是事事都要爭取做

得最好，時時都要顯得比別人高明。在這種心理的驅使下，人們往往把自己推上了一個永不停歇的痛苦循環。

事實上，人生活在這個世界上，並不是一定要壓倒他人，也不是為了他人而活著。人活在世界上，所追求的應該是自我價值的實現以及對自身的珍惜。不過，值得注意的是，一個人是否能實現自我，並不在於他比別人優秀多少，而在於他在精神上能否得到幸福和滿足。只要你能夠得到他人所沒有的幸福，那麼即使表現得不那麼出眾也沒有什麼。在這方面，許多人都應向張麗學習。

天使之所以能夠飛翔，是因為他們有著輕盈的人生態度

我們很多時候羨慕在天空中自由飛翔的鳥。人其實也該像鳥一樣的，歡呼於枝頭，跳躍於林間，與清風嬉戲，與明月相伴，飲山泉，覓草蟲，無拘無束，無羈無絆。這，才是鳥應有的生活，才是人類應有的生活。

翅膀上繫有金塊的鳥飛不高，承載太重的船容易擱淺。生命如舟，載不動太多的物慾和虛榮。想要在抵達理想的彼岸前不在中途擱淺或沉沒，就只能輕載，只取需要的東西，把那些可放下的東西果斷地放掉。而所謂的豁達，只不過是明白自己能正確地處理去留和取捨的問題。

因為放不下到手的名利、職務、待遇，有的人整天東奔西跑，荒廢了工作也在所不惜；因為放不下誘人的錢財，有的人成天費盡心機，利用各種機會去撈一把，結果卻是作繭自縛；因為放不下對權力的占有欲，有的人熱衷於逢迎拍馬、行賄受賄，不怕丟掉人格的尊嚴，一旦事件敗露，後悔莫及……

在工作與生活中，我們每個人都時刻在取與捨中做著選擇，我們又總是渴望著取，渴望著占有，常常忽略了捨，忽略了占有的反面——放棄。每個人都應該學會放棄。權衡之際，總有掙扎有猶豫，並沒有人能夠為你決定什麼該捨，什麼該留。所謂的豁達，也不過是明白自己能正確地處理去留和取捨的問題。丟掉一個應該丟掉的東西之後並不會對你產生多大影響，你還會對自己說：我可以做得比丟掉的更好，我不怕找不到更好的！

　　其實有時會得到什麼、失去什麼，我們心裡都很清楚，只不過是覺得每樣東西都有它的好處，權衡利弊，哪樣都捨不得放手。現實生活中並沒有在同一情形下勢均力敵的東西，它們總會有些差別，因此，你應該選擇那個對自己長遠利益更重要的東西。有些東西，你以為這次放棄了，就不再會出現，但當你真的放棄了，你會發現它在日後仍然不斷地出現，和當初它來到你身邊時並沒有什麼大不同。所以那些你在不經意間失去的並不重要的東西，完全可能重新露面而被爭取回來。

　　佛家總喜歡說「捨得」。是的，有「捨」才有「得」。一隻壁虎遇上了危險，會毅然捨去尾巴以換取生命。連壁虎都懂得「捨得」，人又何苦那麼執著，那麼放不下、捨不得？

虛己處世的哲學

　　虛——天地之大，以無為心；聖人雖大，以虛為主。虛己待人就是能接受他人的做法，虛己接物就是能容納萬物，虛己處世就是能圓融於世。只有先虛己，才能承受百實，化解百怨。虛己是處世求存的良策之一，人能虛己無我，就能與人無爭、與物無爭，而不爭如水潤萬物，不爭而全得。

　　老子說：道是看不見的虛體，寬虛無物，但它的作用卻無窮無盡，不可估量。它是那樣深沉，好像是萬物的主宰。它磨掉了自己的銳氣，不露鋒芒，解脫了紛亂煩擾，隱蔽了自身的光芒，把自己混同於塵俗。它是那樣深沉而無形無象，好像存在，又好像不存在。老子又說：聖人治理天下，是使人們頭腦簡單、淳樸、填滿他們的肚腹，削弱他們的意志，增強他們的健康體魄。盡力使心靈的虛寂達到極點，使生活清靜、堅守不變。使萬物都一齊蓬勃生長，從而考察往復的道理。這些都說明了靜虛的大作用。從道家的觀念看來，他們處世，貴在「以虛無為根本，以柔弱為實用。隨著時間的推移，因順萬物的變化」。

　　虛，就能容納萬事萬物，無就能生長，就能變化；柔就會不剛而能圓融，弱就是不爭勝而可持守。隨同時間的推移，能不斷地變化而自省，順應萬物，和諧相宜。只有虛己待人，才能接受他人；只有虛己接物，才能容納萬物；只有虛己用世，才能轉圜於世；只有虛己用天下，才能包容天下。

　　虛己的能量，大的方面足以容納世界，小的方面也能保全自身。虛戒極、戒盈，極而能虛就不會傾斜，盈而能虛就不會外溢。

　　鯤鵬休息六個月後，振翅高飛，能扶搖直上九萬里。做官不懂息機，不撲則蹶。所以說，知足不會受辱，知止沒有危險。貴極征賤，賤極征貴，凡事都是如此。到了最極端而不可再增加，勢必反輕。處在局內的人，應經常為自己保留迴旋的餘地；伸縮進退自如，這才是處世的好方法。

　　虛而不實、不爭，才不致受外物迷惑引誘，才能堅守內心的真我，保持本色的風格。虛己能隨時培養自己的機息，處處保留迴旋的餘地，任憑紛爭無限，皆可全身而存。「虛」能不驕不媚，接受萬事萬物的挑戰，從中領受有益的養分以滋養自身，充盈自我。虛懷若谷，就是不自負、不自滿、不黏糊、不停滯、不武斷，學習他人之長，反省自己之短，如此則他

人才會樂意助你。

　　能夠虛己的人，自然能隨時培養自己的機息，處處保留迴旋的餘地，不僅能全身進退，而且還可以培養自己的度量。

　　虛己處世，求功千萬不可占盡，求名不可享盡，求利不可得盡，求事不可做盡。如果自己感覺到處處不如人，便要處處謙下揖讓；自己感覺到處處不自足，便要處處恬退無爭。

　　據歷史記載：東漢時期建初元年（公元 76 年），肅宗即位，尊立馬氏為太后，還準備對幾位舅舅封爵位，太后不答應。第二年夏季大旱災，很多人都說是不封外戚的原因。太后下詔諭說：「凡是說及這件事的人，都是想獻媚於我，以便得到福祿。從前王氏五侯，同時受封，黃霧四起，也沒有聽說有及時雨來回應。先帝慎防舅氏，不准將其安排在重要的位置，怎麼能以我馬氏來比陰氏呢？」太后始終不同意。肅宗反覆看詔書，很是悲嘆，便再請求太后。太后回道：「我曾經觀察過富貴的人家，祿位重疊，好比結實的樹木，它的根必然受到傷害。而且人之所以希望封侯，是想上求祭祀，下求溫飽。現在祭祀則受四方的珍品，飲食就受到皇府中的賞賜，這還不滿足嗎？還想得到封侯嗎？」這不僅是馬太后居高思傾，居安思危，處己以虛，持而不盈的處世態度，而且還能使各位舅氏也處於「虛而不滿」之中，以避免後來的嫉妒與傾敗的遠見。從這段話中，能看到她公正無私、眼光長遠的胸懷。

　　才在於內，用在於外；賢在於內，做在於外；有在於內，無在於外。這就是以虛為大實，以無為大有，以不用為大用的道理。人們取實，我獨取虛；人們取有，我獨取無；人們都爭上，我獨爭下；人們都爭有用，我獨爭無用。這是道家處世的妙理。爭取的是小得、小有、小用，不爭的才是大得、大有、大用。

所以莊子說：「山上的樹木長大了，自然用來作燃料；肉桂能食，才會遭到砍伐；膠漆有益，所以受到割取；人們都知道有用的作用，而不知道無用的作用。」所以我們不要以精神去尋求利益，不要以才能去尋求事業，不要以私去害公，不要以自己去連累他人，不要以學問去窮究知識，不要以死勞累生。

河蚌因珍珠珍貴稀少而受傷害，狐狸因皮毛珍貴而被獵取。有虛己之心的人，應該隱藏起意願而不刻意彰顯，把有形隱藏到無形之中，把擁有隱藏到虛無之中，做到如古人所說「大直若屈，大智若愚，大辯若訥」的境界，才能體會到虛己的妙用。

像莊子一樣逍遙

逍遙，指的是沒有什麼約束、自由自在 —— 當然，法律與道德的約束還是需要的。也就是說，逍遙是一種基於心靈大自在之上的行為大瀟灑。逍遙表現在自然個性的呈現、精神層面的自由和言談舉止的瀟脫。

史上最著名的逍遙派大約就是莊子了。這個逍遙派掌門人，在《莊子·齊物論》說了一個這樣的故事：有一天，他夢見自己變成了蝴蝶，一隻翩翩起舞的蝴蝶。自己非常快樂，悠然自得，不知道自己是莊周（莊子）。過了一下夢醒了，卻是僵臥在床的莊周。不知是人做夢變成了蝴蝶呢，還是蝴蝶做夢變成了人呢？

人生的目的是什麼？這個亙古以來的千年追問。有人認為擁有至高的權位最爽，可以享受支配他人的快感；有人認為擁有金山銀山勝過所有，因為金錢可以換取很多東西；有人認為擁有好的名聲最重要，即使死了也還會活在人們心中；更有人什麼都可以不要，只要美人……

但是莊子飄然而來，把手中的拂塵輕輕一揚，便擊碎了塵世中的所

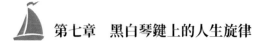

有牽絆。他說：快樂至上。他在《莊子‧至樂》中說：「夫富者，苦身疾作，多積財而不得盡用，其為形也亦外矣。夫貴者，夜以繼日，思慮善否，其為形也亦疏矣。人之生也，與憂俱生，壽者惽惽，久憂不死，何苦也！」這意思是說：富有的人，勞累身形勤勉操勞，累積了許多財富卻不能全部享用，那樣對待身體也就太不看重了。高貴的人，夜以繼日地苦苦思索怎樣才能保住權位和厚祿，那樣對待身體也就太忽略了。人們生活於世間，憂愁也就跟著一道產生，若長壽的人整日裡昏聵不堪，長久地處於憂患之中而不能死去，那是多麼痛苦啊！

　　人是偉大的，但也是渺小的。人可以改變一些事物，但對於大的命運卻經常無能為力。一個下雨的早晨，再多公雞的鳴啼也喚不出太陽。與其空喊、抱怨與詛咒老天，不如撐一把雨傘來個雨中漫步，給自己找一份悠閒與浪漫。當追求幸福的人因求之不得而苦惱的時候，只要換一種心態，就能很容易地體會到逍遙的快樂。當一個人與幸福失之交臂的時候，也許恰好具備了逍遙的條件。得到和失去一樣能夠快樂，這就是生活的公平、公正和微妙。

　　人本是人，不必刻意做人；世本是世，不必精心處世。這就是返璞歸真之人生大自在的箴言。

我們想要控制的東西，控制了我們的生命

　　有一位驍勇善戰的將軍，歷經了上百次的血戰方才平息了戰事。金戈鐵馬的倥傯歲月已經遠去，賦閒在家的將軍因為無聊，便用玩古瓷來消磨時間。

　　在將軍收藏的眾多古瓷中，他最喜歡的是一個青花瓷碗，他幾乎每一天都要把這個瓷碗放在手裡把玩。有一天，將軍在把玩這個瓷碗時，一不

小心手滑，幸虧將軍身手還在，及時反手把瓷碗敏捷地接住。不過，將軍也因自己的疏忽而嚇出了一身冷汗。

因為有了這一次教訓，將軍刻意地減少了把玩那件瓷碗的次數與時間，並且在每次把玩時更加小心翼翼。然而，第二次危險又在不久之後降臨了。這一次，瓷碗幸運地落在將軍的布鞋上再滾到地下而得以保全。

自從青花瓷碗兩次險遭厄運後，將軍就更加小心對待它。他大多數時間裡只是放在抽屜看一看，很少拿到手裡把玩。而在那偶爾的把玩當中，將軍奇怪地發現：只要自己一拿起青花瓷碗，心跳就會加速，手就會顫抖。

將軍心裡好生疑惑：我身經百戰，從來沒有過一絲畏懼與顫抖，為何現在為了一件瓷器竟然會變成這樣呢？

將軍想了很久，終於明白是自己太在乎這件瓷器。他過去早已將生死置之度外了，因此從來沒有產生過恐懼與害怕。而今天，一件小小的瓷器僅僅是因為自己太在乎，就在他心裡掀起了巨浪，以至於手都不聽使喚。

對事物的執著，妨礙了人內心原本的清明和自在。作家梅拉妮·貝提（Melanie Beattie）在書中提醒大家：「我們想要控制的東西，控制了我們的生命。」說白了，就是：太執著於某件事物，就會成為該事物的奴隸。

只有當我們學會捨棄執著，生命才會恢復自然流暢。

史上最倒楣的奧運選手

2004 年的雅典奧運會，男子 50 公尺步槍三姿決賽已經接近尾聲。美國人馬修·埃蒙斯（Matthew Emmons）在最後一槍前領先第二名 3 環多，可以說金牌穩拿了。但是，一個低級的錯誤出現了，馬修最後一槍居然跑靶了——他打到了別人的靶子上，零環。這個低級得不能再低級的錯

誤，不但葬送了馬修的金牌夢，還讓他連獎牌都無緣。

四年後，2008 年 8 月 17 日，北京奧運會。男子 50 公尺步槍三姿決賽已經接近尾聲，馬修一路領先，金牌再次向他露出笑臉。最後一槍，他只要打到 6.7 環 —— 這是一個業餘射手也能達到的精度，他就穩得冠軍。隨著一聲槍響，電子顯示器上顯示的竟是不可思議的 4.4 環！

現場的氣氛安靜得令人窒息，觀眾幾乎不敢相信自己的眼睛。這一次，馬修屈居第四名，還是連獎牌也沒有。

馬修・埃蒙斯這樣回憶最後一槍：「當時我瞄準的動作很正常，從上到下，但還沒有走到位的時候，扳機就響了。我很快意識到打偏了，我還希望能夠不要太離譜。我也搞不清楚是怎麼回事，這可能就是命運吧！」

太想打中靶的手會忍不住顫抖、太想踢進球的腳會忍不住顫抖、太想面試中勝出的嘴會顫抖……因為太想得到，所以很快失去 —— 這樣的例子在我們生活中不多嗎？

美國有一個著名的雜技演員叫卡爾・瓦倫達（Karl Wallenda），他最拿手的雜技是高空走鋼索。瓦倫達走在高空鋼索上，用「如履平地」來形容絲毫不誇張。然而，正是這樣一個技藝高超的雜技演員，在一次重大的表演中不幸失足身亡。他的妻子事後說：「我知道這次一定會出事，因為他上場前總是不停地說，這次太重要了，不能失敗，絕不能失敗；他把很多精力用在避免掉下來，而不是用在走穩鋼索，而以前每次成功的表演，他只想著走鋼索這件事本身，而不去管這件事可能帶來的一切後果。」

那次表演的觀眾都是美國的知名人物，若演出成功不僅會奠定瓦倫達在演技界的地位，還會給他的表演團帶來滾滾財源。而正是表演的重大意義，使瓦倫達的心不再平靜、行動不再穩健。是過度的期望之心，制約了他能力的發揮。

　　馬修用兩塊奧運金牌、瓦倫達用他生命的代價，告訴我們：無論面對什麼，都要保持一顆平常之心。儘管要做到這一點很難，但我們不能因此而退卻。

　　「真味是淡，至人如常」——這是明代作家洪應明所著《菜根譚》中的一句格言。意思是說，真正的美味是清淡平和的，德行完美的人能夠保持平常心，其行為舉止與普通人沒有什麼兩樣。《菜根譚》一書近年來頗為流行，其原因就在於書中的許多格言警句揭示了深刻的人生哲理。「真味是淡，至人如常」這句格言同樣包含著為人處世的智慧：平平淡淡才是真，真正聰明的人應該始終保持平常心。這對今天的人們仍有啟發意義。

　　當 2008 年 11 月美國大選結果揭曉時，民主黨總統候選人巴拉克・歐巴馬（Barack Obama）以較大優勢獲勝。《華盛頓郵報》網站當天發表文章，讚揚歐巴馬在大選日表現出的平常心。其文章摘錄如下——

　　歐巴馬欣喜地度過了他競選活動的最後一天。隨著選票結果的一一出爐，歐巴馬競選團隊的成員互相擊掌、舉杯慶賀。坐在歐巴馬身邊觀看新聞播報的朋友們強忍著淚水。11 月 4 日當晚，成千上萬的歐巴馬擁護者們來到芝加哥，湧入該市最大的格蘭特公園（Grant Park），並塞滿了芝加哥市區的各個角落，他們用歡呼雀躍來表達著對歐巴馬的支持。

　　只有歐巴馬，這個喧囂場面的製造者，仍然保持著他特有的平靜。他的朋友說，歐巴馬將這可能幫他實現當選美國第 44 任總統願望的一天看得與往常一樣。這一天，他與妻子和女兒們吃了早餐，然後到印第安納州參加簡短的拉票活動，之後與朋友在體育館裡打籃球，最後在一處旅館裡收看電視，遠離了喧鬧的人群。

　　無論選民最終會選擇誰，歐巴馬的朋友都認為他會依舊保持風度。無

論遇到當選總統的可能性減小還是增大，歐巴馬都一如既往地保持淡定。正是這樣的修為，讓他得以走過漫長的大選路程。朋友們認為，這樣的氣質也會讓他選擇輕鬆無憂的離去，而不是縱情於勝利。

一位與歐巴馬相處多年的顧問稱，強烈的情緒反應，比如雀躍、尖叫等都不是歐巴馬的風格。跟隨歐巴馬來到格蘭特公園（Grant Park）一起觀看選情新聞的 12 位朋友也認為，歐巴馬將像往常一樣平靜。他們當中大多數人稱，如果歐巴馬當選總統，他會感到滿足而不是驚喜。

歐巴馬簡要地概括大選結束後第一天的安排。先是好好睡一覺，緊接著投入到他的下一項任務 —— 領導國家。他還表示沒有放長假的打算。

人要活出真性情，保持平常心確實不易，也正因為不易，才顯示出價值，才更需要去努力。人一旦擁有權勢和名利時，就很容易盛氣凌人，而失去時，就容易過分落寞；人一旦處於底層與卑微時，就很容易底氣不足，而得到時，就容易過分忘形。把外在的榮譽、名譽、身分、地位作為唯一的追求，人就容易大起大落，情緒波動，它們終究會成為進退的羈絆；而把內在的精神和內斂的自由思想作為永恆追求，人才能自足，心態平和，它們終究會成為人生的支柱。所以，心態的不同，理念的差異，使得有些人進退從容。

美國「國父」喬治・華盛頓（George Washington）任完兩屆總統期後，平靜地回到了自己的農莊，做起了悠閒自在的農場主人；吉米・卡特（Jimmy Carter）在總統之位上叱吒風雲後，安詳地回到了自己的老家，重拾製作木具的老本行；隆納・雷根（Ronald Reagan）在國際舞臺上呼風喚雨後，默默地回到了妻子的身邊，他在晚年時期已基本上忘記了自己任總統的巔峰歲月。這些人都是些了不起的人，他們進退自如，進也風光，退也安然，活出了真性情，保持了平常心。

　　保持平常心並非保持平庸，平常心的獲得與否是需要經歷考驗的。不斷地追求高峰體驗，不斷地品嚐酸甜苦辣，不斷地挑戰極限，才有可能真正的到達目標並保持平常心。沒有經歷過高峰體驗的平常心是膚淺的，沒有飽嘗酸甜苦辣的平常心是虛假的，沒有挑戰過極限的平常心是單調的。它們與其說保持平常心，不如說是對低層次自我滿足的安慰，對自甘平庸的掩飾，對無所作為的藉口。因此，人需要在進取中保持平常心，又需要在保持平常心中進取，無論是大喜還是大悲，無論是大起還是大落，都要能做到寵辱不驚，笑看風雲。

　　保持平常心，就是保持一種輕鬆平和的心態，正確地看待自己，寬容地對待別人，努力與周圍的環境保持和諧。人生活在社會中，自然要與他人、與社會發生各式各樣的連繫，這就有一個以什麼樣的心態和方式去做人做事的問題。一個人如果能夠保持輕鬆平和的心態，就能不被物慾束縛住心靈、不被狹隘遮擋住視野，妥善處理各類的人際關係，更好地實現自己的人生價值。貧窮時耐得住寂寞、守得住節操；富貴時不奢侈揮霍、不驕奢淫逸；成功時不得意忘形，繼續謙虛謹慎、勤奮努力；失敗時不消極頹廢，依然能不屈不撓、奮發進取，這就是保持平常心。

　　當然，保持平常心並不是要人安於現狀、不求上進，而是盡量把個人的名利、榮辱、進退看得淡一些，防止這些東西來干擾正常的學習、工作和生活；當然也不是要人「跳出三界處，不在五行中」那樣脫離實際，而是努力在紛繁複雜的社會生活中掌握正確方向，堅持做對國家和人民有益的事。古人說：「淡泊以明志，寧靜以致遠」；「不以物喜，不以己悲」。這就是平常心，是大胸懷、大境界。

寵辱不驚，順其自然

「我很累」和「很煩，別惹我」之類的口頭禪在當今社會廣泛流行，這一現象引起了許多社會學家與心理學家的疑惑：為什麼社會在不斷進步，而人的負荷卻更重，精神越發空虛，思想異常浮躁？

科技的迅速進步，使我們嘗到了物質文明的甜頭：先進的交通工具、通訊工具、娛樂工具……然而物質文明的一個缺點就是造成人與自然的日益分離，人類以犧牲自然為代價，其結果便是陷於世俗的泥淖而無法自拔，追逐於外在的禮法與物慾，而不知什麼是真正的美。金錢的誘惑、權力的紛爭、宦海的沉浮讓人殫心竭慮。是非、成敗、得失讓人或喜、或悲、或驚、或詫、或憂、或懼，一旦所欲難以實現，一旦所想難以成功，一旦希望落空成了幻影，就會失落、失意乃至失志。而那些實現了夢想的呢，又很難真正滿足，他們如同一隻沒有腳的小鳥永遠只能飛翔，在勞累中飛向生命的終點。

失落是一種心理失衡，失意是一種心理傾斜，失志則是一種心理失敗。而勞累表面上是體力的疲憊，實則發自內心。身心俱疲卻找不到一個停靠的港灣，是一件多麼無奈與絕望的事情！

出家人講究四大皆空，超凡脫俗，自然不必計較人生寵辱。而生活在滾滾紅塵之中的你我，誰也逃離不開寵辱。在寵辱問題上，若能做到順其自然，那才叫灑脫。當你憑著自己的努力，憑自己的聰明才智獲得了應得的榮譽或愛戴時，仍應該保持清醒的頭腦，切莫受寵若驚，飄飄然，自覺霞光萬道，「給點光亮就覺燦爛」。如三國時阮籍所云：「布衣可終身，寵祿豈可賴」。一個人的寵辱感很大程度上是來自於別人對自己的一種評價，而生命不應該是活給別人看的。生命可以是一朵花，靜靜地開，又悄

悄地落，有陽光和水分就按照自己的方式生長；生命可以是一朵飄逸的雲，或卷或舒，在風雨中變幻著自己的姿態。

老子的《道德經》中說：「寵辱若驚，貴大患若身。何謂寵辱若驚？寵為下，得之若驚，失之若驚，是謂寵辱若驚。何謂貴大患若身？吾所以有大患者，為吾有身，及吾無身，吾有何患？」大意是：「對於尊寵或汙辱都感到心情激動，重視大的憂患就像重視自身一樣。為什麼說受到尊寵和汙辱都讓人內心感到不安呢？因為被尊寵的人處在低下的地位，得到尊寵時會感到激動，失去尊寵時也感到驚恐，這就叫做寵辱若驚。什麼叫做重視大的憂患就像重視自身一樣？我之所以有大的憂患，是因為我有這個身體；等到我沒有這個身體時，我哪裡還有什麼禍患！」

在晚明陳繼儒的《小窗幽記》裡有一句這樣的話：寵辱不驚，閒看庭前花開花落；去留無意，漫觀天上雲卷雲舒。一個人要是能夠做到「寵辱不驚，去留無意」的境界，那麼就沒有什麼事物能絆住他的腳，拴住他的心。而唐朝的女皇武則天，死後立了一塊無字碑。武則天的無字碑中，透露出一種大智大慧、大覺大悟的睿智。她開天闢地、以女流之輩坐南朝北，一手殺親子、誅功臣，一手不拘一格用人才、盡心盡力治國家。榮辱相伴相生，莫一而衷。既然如此，何必學他人為自己立下洋洋灑灑的功德碑？不如糊塗一點，千秋功過，留與後人評說。一字不著，盡得風流。

天空沒有翅膀的痕跡，而我已飛過！

改變我所不能接受的，接受我所不能改變的

哲學家阿圖爾·叔本華（Arthur Schopenhauer）提醒世人說：「一種適當的認命，是人生旅程中最重要的準備。」這句話可以作為八分飽人生哲

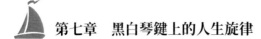

學的一個最佳注解。八分飽人生哲學提倡人的奮進與不屈精神，但絕不鼓勵人盲目地爭鬥。

大衛王是古代猶太以色列國王（約公元前 1000 ～ 960 年間在位），這個偉大的國王對美女有著深深的迷戀。一天，他從王宮的平臺上看見容貌甚美的婦人，急忙打聽出她是誰之後，隨即差人將她接進宮中，和她發生了關係。這個美貌婦人叫拔示巴，是大衛王手下將領烏利亞的妻子。

和部下之妻拔示巴風流過後，拔示巴告訴大衛王自己懷上了他的孩子。大衛王便將拔示巴的丈夫烏利亞派去前線，並寫信給前線的元帥，要求他把烏利亞安排在陣勢最險惡的地方，希望借敵人的手將其剷除，使自己「合法」得到拔示巴以及拔示巴腹中的孩子。

大衛王的計謀當然是得逞了。烏利亞戰死在前線，而大衛王則如願以償地將拔示巴迎娶進宮，成為他眾多女人當中最為寵幸的人。然而大衛王借刀殺人、霸占人妻的陰險行為激怒了上帝，耶和華讓他和拔示巴產下的孩子得了重病。

大衛王為這孩子的病懇求神的寬恕。他開始禁食，把自己關在內室，白天黑夜都躺在地上。他家中的老臣來到他的身旁，要把他從地上扶起來，他卻怎麼也不肯起來，也不與他們吃飯。

大衛王希望用這種方法，求得上帝的原諒，降福於他的孩子。

然而，在大衛王的「苦肉計」進行到第七天時，患病的孩子終於死去了。大衛王的臣僕都不敢告訴他孩子的死訊。他們想：孩子還活著的時候，我們勸他，他都不肯聽我們的話，如果現在告訴他孩子死了，他怎麼能不更加傷心呢？

大衛王見臣僕們彼此低聲說話、神色戚戚的樣子，就知道孩子死了。於是他問臣僕們說：「孩子死了嗎？」

臣僕們不敢撒謊，只好如實回答：「死了。」

大衛王聽了孩子的死訊，就從地上起來，沐浴後抹上香膏，又換了衣服，走進耶和華的宮殿敬拜完畢，然後回宮，吩咐人擺上飯菜，大口大口地吃了起來。

臣僕們疑惑地問：「大衛王啊！你這樣做是什麼意思呢？孩子活著的時候，你不吃不喝，哭泣不止，現在孩子死了，你反而起來又吃又喝。」

大衛王說：「孩子還活著的時候，我不吃不喝，哭泣不已，是因為我想到也許天神耶和華會憐憫我，說不定還有希望不讓我的孩子死去；如今孩子都死了，怎麼也無法復活了，我又何必繼續用禁食、哭泣來折磨自己呢？我怎麼做都不能使死去的孩子回來了！」

這個故事當然只是一個傳說，但其中傳遞了一個深刻的哲理：改變你所不能接受的，接受你所不能改變的。如果你努力過了，奮鬥過了，爭取過了，即使失敗了也沒有必要感到遺憾與悲傷，因為一切都已經無法改變，所有努力與悲傷都於事無補。有些時候，我們需要認命。

逆境中自得其樂

人在順境之中，可以樂觀、愉快地生活；人在逆境中，也能樂觀、愉快地生活嗎？有的人能做到，有的人就不能。

宋代有位高僧，法號叫靚禪師。一次，靚禪師去施主家做佛事，路過一小溪，因前夜天降暴雨，溪水頓漲，加之靚禪師身體胖重，因而陷於溪流之中。他的徒弟連拖帶拽，將其背到岸上。靚禪師坐在亂石間，垂頭如雨中鶴。過了一下，他忽然大笑，指溪作詩曰：

春天一夜雨滂沱，添得溪流意氣多；
剛把山僧推倒卻，不知到海後如何。

213

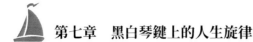

　　靚禪師在如此倒楣、尷尬的情況下，尚能開懷吟詩，真是糊塗到家了。但這種糊塗，又何嘗不是一種超脫、一種自由、一種大歡喜？

　　要想在逆境中達觀、愉快，除了鈍化對外界的負面感知之外，一個重要的方法就是換一個角度，站在另一個立場去看待自己所遇到的不幸，設法從中得到快樂。靚禪師陷於溪流之中，一般人認為他應該垂頭喪氣，自認倒楣而恨恨不已。而靚禪師偏不這樣，而是以一種藐視的態度與溪水對話，在對話的過程中，寬釋了心懷，得到了樂趣，變煩惱為大笑，這是何等寬亮的胸懷啊！

　　你能像靚禪師那樣樂觀地對待生活嗎？如果不能，你就應該轉變一下觀念了，記住：

> 你改變不了環境，但你可以改變自己；
> 你改變不了事實，但你可以改變態度；
> 你改變不了過去，但你可以改變現實；
> 你不能控制他人，但你可以掌握自己；
> 你不能預知明天，但你可以把握今天；
> 你不能樣樣順利，但你可以事事盡心；
> 你不能左右天氣，但你可以改變心情；
> 你不能選擇容貌，但你可以展現笑容；
> 你不能決定生死，但你可以提高生命品質。

讓失去變得可愛

　　一個人坐在輪船的甲板上看報紙，突然一陣大風把他新買的帽子刮落大海中，只見他用手摸了一下頭，看看正在飄落的帽子，又繼續看起報紙來。另一個人大感不解：「先生，你的帽子被風颳入大海了！」「知道了，謝謝！」他仍然繼續讀報。「但那帽子值幾十美元呢！」「是的，我正在

考慮怎樣省錢再買一頂呢！帽子丟了，我很心疼，但它可能找回來嗎？」說完那人又繼續看起報紙。的確，失去的已經失去，既然已經無法挽回，又何必為之大驚小怪或耿耿於懷呢？

　　一個老人在高速行駛的火車上不小心使剛買的新鞋從窗口掉下了一隻，周圍的人備感惋惜。不料那老人又立即把第二隻鞋也從窗口扔了下去，這更讓人大吃一驚。「是這樣！」老人解釋道，「這一隻鞋無論多麼昂貴，對我而言都已經沒有用了。如果有誰能撿到一雙鞋子，說不定還能穿呢！」

　　顯然，老人的行為已經有了價值判斷：與其抱殘守缺，不如果斷放棄。有時事物的價值不在於誰占有，而是在於如何占有。

　　許多人都有過丟失某種重要或心愛之物的經歷，比如不小心丟失了剛發的薪水，最喜愛的自行車被偷了，相處好幾年的戀人拂袖而去了等，這些都會在我們的心理留下陰影，有時甚至因此而備受折磨。究其原因，就是我們沒有調整心態面對失去，沒有從心理上承認失去，仍然沉湎於已不存在的東西，更沒有想到去創造新的東西。人們安慰丟東西的人時常會說：「舊的不去，新的不來。」其實事實正是如此，與其為失去的自行車懊悔，不如考慮怎樣才能再買一輛新的；與其對戀人向你「拜拜」而痛不欲生，不如振作起來，重新開始，去贏得新的愛情……

　　有兩個朋友曾結伴出門旅遊，在即將返回的時候他們發現錢包不見了。其中一個人把自己去過的地方找了好幾遍，詢問了許多人，還到警局報了案，結果一無所獲。而另一個朋友在發現丟了錢包之後，不是一味地懊悔，而是積極想辦法，考慮如何才能賺到回家的費用。他走進一家飯店，向老闆講明了自己的情況後，用給飯店洗菜的辦法為自己和同行的朋友賺得回家的費用。直到現在，一提起這件事他也總是說：「旅遊的時間

那麼短，有趣的事那麼多，為了丟失錢包而一直煩惱下去很不值得。」人生有許多事情要做，為什麼要為一時的失去而一直傷心呢？

每個人都曾有過失去的經歷，但對其所持的心態卻截然不同。有的人總是反覆表示他失去的東西有多麼好，有多麼珍貴。但是有些人卻表現相反，比如，他們在失去了原有的工作之後，從不會一味地傷感，而是主動去尋找新的工作。他們相信，失去並不意味著失敗，失去後還可以重新擁有，而這才是成功者應具備的心態。

亞歷山大‧普希金（Aleksandr Pushkin）的抒情詩〈假如生活欺騙了你〉（*If by Life You Were Deceived*）最後有兩句話是：「一切都如煙雲，一切都會消失；讓失去的變得可愛。」顯然，有時失去不是憂傷，而是一種美麗；失去不一定是損失，也可能是奉獻。只要我們有著積極進取的心態，失去也會變得可愛！

不快樂的人總是珍惜未得到的，而遺忘了所擁有的

在一個深山中有一座古廟。廟裡有三個和尚，其中小和尚每天早上負責清掃寺院裡的落葉。清晨起床掃落葉實在是一件苦差事，尤其在秋冬之際的起風時，樹葉總是隨風飛舞，需要花費許多時間才能清掃完樹葉，這讓小和尚頭痛不已。他一直想找個好辦法讓自己輕鬆些。

後來，小和尚的師兄告訴小和尚：「你在明天打掃之前先用力搖樹，把落葉通通搖下來，後天就可以不用掃落葉了。」小和尚覺得這是個好辦法，於是隔天他起了個大早，用力地猛搖樹，這樣他就可以把今天跟明天的落葉一次掃乾淨了。一整天小和尚都非常開心。

　　第二天，小和尚到院子裡一看，他傻眼了。院子裡如往日一樣滿地落葉。老和尚走了過來，對小和尚說：「傻孩子，無論你今天怎麼用力，明天的落葉還是會飄下來」小和尚終於明白了，世上有很多事無法提前，唯有認真地活在當下才是最真實的人生態度。

　　生活如同牆上的日曆，只有翻過舊的一頁才能迎來新的一頁。然而這新與舊的交替，是生命的點滴，是生活對我們耐力與孤獨的考驗。沒有今天的這一頁，掀過去的將是一生的蒼白。

　　不後悔過去，不奢望未來，不自尋煩惱，把握當下腳踏實地，則身心健康。大多數的煩惱可能不是出現在眼前，而是發生在難以割捨的過去和無法預計的將來。對於過去，相信總是有些記憶令我們無法忘記，或後悔、或惋惜、或感慨。感嘆悠悠歲月，回想單純而簡單的生活，對於將來，則總是無法預期。或許我們都有因為對於未來不確定而徹夜難眠的經歷，這些經歷總是纏繞著我們，使我們總是生活在充滿雲彩的天空下。

　　古希臘哲人曾說：「過去與未來並不是『存在』的東西，而是『存在過』和『可能存在』的東西。唯一『存在』的是現在。」活在當下是一種全身心地投入人生的生活方式。活在當下是聰明的，緊緊抓住眼前的機遇，不必再去多想，不必再去多問，想辦法讓自己活得輕鬆而愉快。一旦你跟生命保持在同一步調，其他的就無關緊要了。

　　活在當下，就是認真地對待生命的每一時一刻，讓陽光照在身上，讓溫暖留在心裡。

　　活在當下，就是坦然地接受命運給予我們的孤獨，無奈，不平，用自己的渺小支撐起生命的厚重。

數數你擁有的幸福

　　「數數你擁有的幸福」，這句話是建立在一個很深刻的哲學思考上的，即：我們的生命是什麼。對這個問題的回答，決定著我們對生活價值的判斷和生活的行動準則，當然也就決定著我們生活的心態。有的人把生命看做是占有，也就是占有金錢、占有權力、占有財富、占有名利、占有⋯⋯這樣的生命，總是把人生的意義定在一個點上，當這個點實現後，就開始追逐下一個點。也許當他到達一個具體的點時，會有一個瞬間的快樂，但很快就會被實現下一個點的焦慮所代替。在這樣的人生中，人本身只是不斷地追逐目標的工具，而不是生活本身。所以，人生總是被忙碌、焦慮、緊張所充斥，爭名奪利，患得患失，到死也沒能放鬆地享受一下生命的美好。而有的人則是把生命看做是上天賜予的禮物，是一個打開、欣賞和分享這個禮物的過程。因此，這樣的人堅信生命本身就是快樂，就是愛，無論處在什麼樣的環境中，即使是在非常惡劣的環境中，他們也能泰然處之，就像是在遊樂園中那樣高興，興趣盎然地去尋找、發現、享受生命中的每一個樂趣。對於這樣的人來說，重要的不是去擁有什麼，因為他們知道自己已經擁有了一切；而是他們究竟應該怎樣去享受生活，應該怎樣享有自己的生命。

　　美國心理學專家理查德・卡爾森（Richard Carlson）博士就是看到了對待生命不同的態度，要求我們「多去想想你已擁有什麼而不是你想要什麼」。他說：「做了十幾年的壓力心理學顧問，我所見過的最普通、最具毀滅性的傾向，就是把焦點放在我們想要什麼，而非我們擁有什麼。不論我們多富有，似乎沒有差別，我們還是不斷擴慾望購物單，確保那些難以滿足的慾望。』你的心理機制說：『當這項慾望得到滿足時，我就會快樂起來。』可是，一旦慾望得到滿足之後，這項心理作用卻又在不斷地重

複……如果我們得不到自己想要的某一件東西，就會不斷想著我們還沒有什麼，而仍然會感到不滿足。如果我們如願以償得到了想要的東西，就會在新的環境中重複我們的想法。所以，儘管如願以償了，還是不會快樂。」

卡爾森博士針對這個問題，提出了解決辦法：「幸好，還有一個方法可以得到快樂。那就是將我們的想法從想要什麼，轉為已經擁有什麼。不要奢望你的另一半會換人，相反的，多去想想她的優點。不要抱怨你的薪水太低，要心存感激有一份工作可做。不要期望去夏威夷度假，多想想自家附近有多好玩。可能性是無窮無盡的！……當你把焦點放在已經擁有什麼，而非想要什麼時，你反而會得到更多。如果你把焦點放在另一半的優點上，她就會變得更可愛。如果你對自己工作心存感激，而非怨聲載道，工作表現會更好，更有效率，也就有可能會獲得加薪的機會。如果你享受了在自家附近的娛樂，不要等到去夏威夷再享樂，也許會得到更多的樂趣。由於你已經養成自娛的習慣。因此如果真的沒有機會去夏威夷，反正你也已經擁有美好的人生了。」

最後，卡爾森博士建議道：「給自己寫一張紙條，開始多想想你已經擁有什麼，少想你要什麼。如果你能這麼做，你的人生就會開始變得比以前更好。或許這是你這一輩子第一次知道真正的滿足是什麼意思。」

人的幸福，與其說來自生活的厚饋，不如說來自於日常生活中的微利。

享受你現在的擁有

人登山是為了什麼？是為了登頂，還是為了享受登頂過程中的美景？

人生沒有絕對的頂峰，在不停的攀登過程中，要學會欣賞一路的景色。人生應該有兩個目標：第一是得到所想要的東西，盡力去爭取；第二

是享受你現在所擁有的。然而只有最聰明的人才能做到後者。常人總是朝著第一個目標邁進，他們根本不懂得享受。

人生如果只有攀登，而沒有駐足的欣賞、享受攀登所帶來的美景，那還有什麼意義？事業是沒有終點的，享受卻可以隨時開始。

大多數人都認為，所謂享受，那是有錢人的特權。其實不然，聽聽雨敲窗，看雲舒雲卷，賞花開花落……這些，都是與金錢無關。就像我的某位富豪朋友，他有錢，卻沒有心思去欣賞與享受。會享受人生的人，不在於擁有多少財富，不在於住房的大小，薪水的多少，職位的高低，而在於你是否有這份悠然之心。

生活永遠不是完美的。對於我們普通大眾來說，或許在養家餬口中不得不忙碌奔波。在忙碌奔波時，我們依然可以找到快樂。不管你的現狀如何、目標如何，都別忘了人生的第二個目標：享受你現在所擁有的。沒必要總是給享受預設了很多前提條件，人生是由每一個「當下」組成，享受現在，成就一生。

不少人的心緒往往在過去和未來之間擺盪，不是對過去耿耿於懷，就是對將來憂心忡忡，渾然不知「當下」的滋味，結果是對過去的包袱捨不得丟棄，而未來的重擔又把自己弄得喘不過氣來，永遠在過去和未來之間游移。

現在就是我生命中最美好的時光！這，其實就是佛陀所說的「活在當下」。東西方在文化上有一定的差異，卻都對「珍惜現在，享受現在」有著一致的看法。

每天當我們結束工作時，就應該把過往的事情忘記，因為逝去的光陰不能再追溯。雖然我們難保一天所做不會有錯誤或蠢事，但是事情已經過去，一味地追悔只能貽誤迎接明天的到來，而成為下一個令人追悔的蠢

事。今天就握在我們手中，這是一個新日子，它好像人生日記本裡的空白一頁，任由我們去寫。我們所要做的就是燃起生命的熱情，激發心中的希望，傾注全力做好每一件事，享受每一個今天。

最好的沉思就是留意生活，想哭就哭，想笑就笑，閒時晒晒太陽，忙時泡個熱水澡，多與人分享快樂，少關注煩惱。多留意最簡單的日常活動，少預想未來怎樣，也不流連在對過去的懷念中。活在當下就是最高級別的沉思。

活在當下，享受當下。生命如果說是一條奔騰不息的河流，那麼每天都是一朵跳躍的浪花。我們要與浪花起舞，享受生命中難得的每一天。

第八章
懸崖邊的悲愁、徬徨與感悟

　　一個人進山，遇見了一隻老虎，他拚命逃跑，失足滑落在一處懸崖，幸好抓住了一根救命枯藤，懸蕩在空中。往上看，那隻老虎張著血盆大口對他怒吼；往下看，是深不見底的懸崖。

　　生命，就繫在了這根晃悠的枯藤上。恰在這時，跑來兩隻老鼠，啃噬那根枯藤。生命，竟只在呼吸之間。在絕望與惶恐之中，一抹鮮紅掠過他的眼前。仔細一看，竟是一枚鮮美紅豔的草莓。他摘下放入口中，啊！甜美多汁，真是好滋味！

　　在那樣危急的時候卻還能有一份好心情去品味草莓的鮮美，真是好心態。想想，那刻的恐懼、害怕於事無補，不如醉心於眼前的甜美。在他眼裡，凶殘的老虎，可惡的老鼠都視而不見，眼前的美麗卻不容錯過，享受此刻不留遺憾。

每一種創傷，都是一種成熟

　　生活有時候會讓我們遍體鱗傷，但到後來，那些受傷的地方一定會變成我們最強壯的地方。我們會在創傷中逐漸成長，並趨於成熟。

　　人生並非一帆風順。我們都是經過挫折、嘗試、創傷而逐漸成熟。愛默生說過：「我們的力量來自我們的軟弱，直到我們被戳、被刺，甚至被傷害到疼痛的程度時，才會喚醒那被包藏著神祕的力量。只有這些力量被搖醒、被折磨，便激勵我們學習一些東西了。此時我們會運用自己的智慧，發揮自己的剛毅精神，學會了解事實真相，從自己的無知中學習經驗，磨練自己的意志，最後，學會調整自己並且掌握真正的技巧。」

　　「長大以後，為了理想而努力，漸漸地忽略了父親母親和故鄉的消息。如今的我，生活就像在演戲，說著言不由衷的話、戴著偽善的面具，總是拿著微不足道的成就來騙自己。總是莫名其妙感到一陣的空虛，總是

靠一點酒精的麻醉才能夠睡去。在半睡半醒之間彷彿又聽見水手說，他說風雨中這點痛算什麼！擦乾淚不要怕至少我們還有夢！他說風雨中這點痛算什麼，擦乾淚不要問為什麼！」

這是身殘志堅的歌手鄭智化的〈水手〉。在受傷的時候，你不妨聽聽這首歌。人生就像一條河，而我們就是游弋在河中的水手。在河流中泅渡免不了會受些傷，只有不怕河中的滔天巨浪，不怕在渡河中淹死，才可能游到成功的彼岸。人們讚美游到彼岸的英雄，卻容易忘記他在泅渡大河的過程也曾有過挫折。

當傷害如利箭射來，痛徹心扉，已經夠慘了，若不知療傷止痛，會讓傷口無法結痂復原，豈不是欠缺些智慧？對於外界所起的變化，要能既不洋洋得意於順境，亦不沉湎於痛苦的逆境，這不是一件容易的事，當我們面對人生時，總是攜帶著快樂和痛苦、悲哀與幸福，這些都是使人成熟的歲月的標記，也是心靈的刻痕。走過人生才會發現，原來，創傷也是一種成熟，而成熟就是一種美。

生命因磨難而美麗

舉凡偉大之人，總有一段刻骨銘心的磨難、挫折之經歷。有人說「挫折是弱者的地獄，強者的階梯，智者的故鄉，偉人的天堂」，此話不假。亨利・福特（Henry Ford）在進軍汽車業的前三年，破產過兩次；美國大百貨公司梅西百貨曾經七次遭遇「轉折點」—— 也就是一般人所說的失敗，最後終於取得成功；萊特兄弟在經歷了數百次失敗的實驗以後才駕駛著人類第一架動力飛機飛上了藍天。

弱者在錯誤中懊悔、倒下，而強者在錯誤中學習、成長。「武林高手比的是經歷了多少磨難，而不是取得過多少成功。」

某位名人說：「有許多人一生之所以偉大，那是來自他們所經歷的大困難。」精良的斧頭、鋒利的斧刃是從爐火的鍛鍊與磨削中得來的。很多人，具備「大有作為」的才智，但是，由於一生中沒有同逆境搏鬥的機會，沒有被困難充分磨練，不足以刺激起其內在的潛能，以至於終生默默無聞。

　　蠶蛹在成為蝴蝶之前，會經歷痛苦的蠕動和掙扎，只有這樣，牠才能蛻變出美麗的翅膀和輕盈的身體。化蝶之理，對人亦同！也許在獲得成功之前，我們都會必不可少地經歷痛苦，可只有在痛苦過後，品嚐到的幸福才更香、更甜！

　　其實在生活中，很多時候我們就如那小小的蛹，經常陷於一種生存的窒息狀態，或是處於絕望的境地。這就需要我們用智慧和良好心態去突破將自己包裹起來的厚重外殼，儘管這一過程會很痛苦，但於生命的重生，它又實在是一種必需。所以破繭成蝶，是人生的一種境界。能夠破繭成蝶，就會有重獲新生的歡愉和快慰。

哭泣結果不如改變結果

　　在我們周圍，不知道有多少人把自己所取得的成就歸功於自己所遇到的艱難和困苦。如果沒有各式各樣的阻礙與失敗的刺激，他們也許只會發掘出自己才能的一半，甚至還不到；但一旦遇到巨大的困難與失敗的刺激，他們就會把全部才能給激發出來。當面對巨大的壓力時，如突如其來的變故和重大的責任壓在一個人身上，隱藏在他生命最深處的種種能力，就會如火山般噴湧而出，幫助他做出原本不可想像的大事來。歷史上有過無數這樣的例子。

　　一個偶然的機會，在伊黛和鄧肯太太合作成立的「少女公司」，生產出一種在當時很「前衛」的胸罩，在市場上十分流行。所產生的巨大利益

吸引競爭者們紛紛加入。為了增強競爭力，伊黛打算暫時不分配利潤，並盡可能借錢，購買機器設備，僱傭員工，擴大生產規模。

鄧肯太太只是一個普通的家庭婦女，不像伊黛那麼有野心，她對現在賺到的錢已經心滿意足了，而且擔心舉債經營會賠掉已經到手的成果。她堅決要求及時分配利潤。兩人的意見發生嚴重分歧，只好解散合作。

當時，公司剛剛以分期付款方式購置了一批新設備，兩人拆夥後，現金全被鄧肯太太帶走，伊黛還得借一筆錢支付她的紅利，這樣，公司只剩下一些機器和一大筆債務，陷入無米下鍋的窘境。伊黛出去找新的合夥人，沒有人願意答應；向人借錢，得到的回答都是「不」。因為這場內鬨使人們誤以為「少女公司」的生產經營遇到了嚴重阻礙。更糟糕的是，不明真相的債權人紛紛登門逼債，讓伊黛疲於應付。許多員工以為公司大勢已去，紛紛跳槽，200 多名員工最後只有 30 多人留下來。

伊黛遭此打擊，難免灰心喪氣。但她知道，唉聲嘆氣對結果沒有任何幫助，只能多想想解決問題的辦法。經過幾個不眠之夜的反覆思考，伊黛確定了「安定內部、尋找外援」的思路。

首先，她設法穩住留下來的幾十個員工，不給外界一個「已經倒閉」的印象。她開誠布公地向員工們說明了公司的真實情況，並宣布將十分之一的股權分配給他們。這樣，員工離職的現象就再也沒有發生過了。

接下來，伊黛積極籌措資金。經過多次碰壁後，她從銀行家強森那裡獲得了 50 萬美元貸款。有了資金，「少女公司」立即煥發生機，它的業務成長得比以前更快。

在伊黛不斷的努力經營之下，「少女公司」的產品從胸罩擴大到睡衣、泳裝、內衣等，產品暢銷 100 多個國家，最終「少女公司」成為一家世界性著名的大公司。

伊黛作為一位傑出的女性，她對堅強的理解更為深刻，並以此來告誡她的子女：「當壞事已經降臨，悔恨、抱怨、痛苦沒有任何意義，唯有從事情變壞的原因著手，設法改變它，以免事情變得更壞和同樣的壞事再一次發生。這才是有意義的做法。」

任何一件事都是由許多要素構成，沒有哪件事能夠全部做對或會全部做錯。所謂失敗，通常只是某些應該做好的事情沒有做好，並不是一無是處。只要認知到失敗的存在，找到原因，釐清哪些事情沒有做好，下次加以改進，同樣的失敗就不會再發生了。如果確實是因能力不足所致，也要以比較平靜的心情接受失敗的結果，吸取教訓，但不要因懊惱而損害自己的心靈及身體。

如果走得太快，靈魂就會丟失

在墨西哥，有學者要到高山頂上印加人的城市去，他們雇了一群印加挑夫運送行李。

在途中，這群挑夫突然坐下來不走了，學者怎麼心急煩躁地催促他們也沒有效果，並且一坐就是幾小時。

後來，他們的首領才說出挑夫不走的理由。因為他們覺得人要是走得太快了，就會把靈魂丟在後面。他們已經走了一段時間，現在需要等等靈魂。

首領說：「每當我們急行三天，就一定要停下來，等等靈魂。」

人走得太快，要是不坐下來等一等的話，就會丟失靈魂！這話真是讓人聽了如醍醐灌頂。我們為了更好地生活，為了更大限度地實現自身價值，努力地奔跑，甚至玩命地奮鬥。人生很短暫啊！要抓緊時間莫虛度啊！結果，一個個成為與時間賽跑、與命運決鬥的機器。

什麼才是盡頭呢？家財萬貫？官拜正部？⋯⋯如果不知道停歇的話，永遠沒有盡頭。《菜根譚》裡有這樣一句話：「憂勤是美德，太苦則無以適性怡情。」這句話其實和墨西哥印加人的所謂的「靈魂丟失」說有異曲同工之妙。這句話的大意是說，盡心盡力去做事是一種很好的美德，但是過於辛苦地投入，就會失去愉快的心情和爽朗的精神。靈魂也好，愉快的心情和爽朗的精神也罷，都是人的幸福之本。沒有靈魂，人不過是行屍走肉而已；沒有愉快的心情和爽朗的精神，還有什麼人生的樂趣呢？

放慢人生的節奏

這是一個膜拜「成功」的時代。書店裡、電視中、報紙上，到處充斥著對於成功者的禮讚與崇拜。

其他人能成功，我們一定也能。不少人像著了魔似的唸著：「我一定要成功、我一定能成功！」各種成功學也應運而生、推波助瀾：開發潛能、增強自信、拓展人脈、注重細節、提高口才、主動推銷、持續充電⋯⋯我們用盡了所有的方法和詞彙，來表達迫切成功的心情。

追求成功並沒有什麼錯，人活一世，就應該努力實現自己的最大價值。但眼裡只有成功的人，付出時最容易不計成本、不計後果地付出。結果，在追求成功的路上，他主動摒棄了所有的享樂；當獲得「成功」後，他又會發現：自己與幸福越來越遠⋯⋯

在圍棋的黑白世界裡，其實也充滿了智慧的競爭與人生的哲理。觀高手之間下棋，很少見到他們猛打猛衝，他們下棋一般都是慢棋、細棋。除非局勢對己非常不利，才會下些「破釜沉舟」、「背水一戰」的險招。人生不是一場瞬間的突襲作戰，而是一局要下幾十年的棋，下得慢點，才會細緻，勝算也會大一些。

把人生的節奏放慢一點沒有什麼不好。因為太匆忙，我們無法享受做事的快樂。在這種庸庸碌碌的生活中，我們常常會感到生命與我們擦肩而過，而且也老是覺得，永遠都得不到我們在找的東西。我想，其實大家心中都明白，這樣忙亂的生活，使得我們與真正快樂的希望漸行漸遠。事實上，生命中沒有任何時刻，比現在更有可能帶來快樂。

生活的最大樂趣之一，就是花時間享受身邊的每一件東西。

我們身處一個個五光十色、日新月異的社會。太多的訊息要接受，太多的新知要學習，太多的俗務要應酬，太多的事情要完成。如果終日奔跑爭先，可能會被拖垮累死。來點「難得糊塗」的超越，可以幫助人們釋放心理和社會的壓力，保持一種心態平衡，坐看雲起雲落，超然通達地面對人生。特別是在今天這種高速度、快節奏、競爭激烈的社會，如果不能有一點「難得糊塗」的超越，就再也感受不到生活中的浪漫、輕鬆和愉快，更不會有天真、詩意和情趣了。

不要總是強調沒時間，也不要辛苦地去擠時間。生活是需要妥協的。人人都有理想，但如果我們實實在在地看清楚人生的狀況，我們就會懂得：理想沒有盡頭，當你實現了又會有一個更高遠的理想出現腦海。我們為了理想花費了太多的精力，因此而喪失了享受生活的能力。

能不能將理想設定為「快樂與幸福」？如果我們為了理想和成功喪失了快樂與幸福，這樣的理想與成功又有什麼意義？

放輕鬆吧！珍惜你現在擁有的小小空間，珍惜你擁有的一切。隨愛。

放輕鬆吧！走在街上，自自然然，瀟瀟灑灑。你會發現，世上的人原本差不多。

放輕鬆吧！就像英國作家威廉‧戴維斯（William Davis）在詩中所寫的那樣：

這不叫什麼生活，

總是忙忙碌碌，

沒有停一停，看一看的時間。

沒有時間站在樹蔭下，

像小羊那樣盡情瞻望。

沒有時間看到，

在走過樹林時，

松鼠把殼果往草叢裡收藏。

沒有時間看到，

在大好陽光下，

流水像夜空般群星點點閃閃。

沒有時間注意到少女的流盼，

觀賞她雙足起舞翩躚。

沒有時間等待她眉間的柔情，

展開成唇邊的微笑。

簡化你的生活

你是否經常有「很累」的感覺？你是否想過究竟是什麼讓我們如此勞累與疲憊？

如果僅僅只是勞累與疲憊還不算最糟糕，最糟糕的是：我們甚至還對今後的日子產生恐懼甚至絕望。永遠像一個戰士般衝殺，才不會落在人後。慾望的都市裡到處都充斥著痛苦的靈魂，在許多昏暗的酒吧裡唱著空虛寂寞，唱得要死要活；有人在放縱，有人在毀滅。生活越來越繁雜，而心情越來越煩悶；人與人走得越來越近，而心靈卻越來越隔得遠；樓越來越高，人情味越來越薄；娛樂越來越多，快樂越來越少……

我的朋友最近花了將近 10 萬元買一張按摩椅。在此之前，他還買過一

臺高科技的跑步機。不過他告訴我：這些東西，他一年裡難得用上幾回。

　　究竟是什麼能使我們生活充實、內心豐盛？不是貴重的按摩椅，不是高科技的跑步機，而是我們體會生活的快樂。這種能力隨處可得，根本不用花錢。繁複紛亂的生活使人厭煩、疲憊，像荊棘一樣擠壓著心靈，使得人不安、緊張、焦慮、倦怠甚至絕望，是很不符合心理衛生的。而簡樸的生活，能減少心靈的許多負累，使心靈更單純，讓內心有更多的空間。一位西方哲學家發出了這樣的警告：「沒有什麼科技的發展可以帶來永久的快樂。比科技發展更重要的是心靈拓展，但總是被忽略。」

　　在生活變得越來越複雜，超出你的想像和理解的時候，是否懷念過從前純樸但依然快樂的時光？在一個偏遠、寧靜的小村莊，那裡的人對於一朵鮮花的讚賞，比一件名貴的珠寶要多。一次夕陽下的散步，比參加一場盛大的晚宴更令人感到快樂。人們寧可在一棵老樹下打牌下棋，也不願去參加一場獎金豐厚的棋牌競技。這裡的人重視的是簡單生活中的快樂，不會遠離陽光、新鮮空氣與笑聲……感謝簡單，他們因此而擁有幸福與快樂。

　　那些簡單生活的日子似乎一去不返了，但真的就沒有其他可能了嗎？

　　當人在物質上的要求減少時，精神上的收穫就會增加。愛默生曾說：「快樂本身並非依財富而來，而是在於情緒的表現。」當我們騰出心靈的空間，從各個角度去體驗人生，當我們開始了解到自以為必需的東西其實很多是可以不要的時候，就可以發現：我們擁有現在的東西足夠快樂了。

　　簡單的生活並不是消極、懶惰，也不是修道式的苦行僧生活，而是為了活得輕鬆暢快、自由自主，活出親情、有人情味、更健康、更有意義的生活。

　　簡單生活是最容易過的，太複雜的生活、或者想過更複雜的生活才是真正的難。生活中沒有非接不可的電話，生命中沒有非要不可的東西。在

世俗的社會裡，只有你自己的生活簡單了，你才會成為自己的主人。那些脖子上多了一條項鏈、衣服上多了一枚胸針、頭上多了一頂帽子的人，以及有著多餘表情、多餘語言、多餘朋友、多餘頭銜的人，深究一下，便會發現，他們都是在完美和榮譽的藉口下展現一種累贅，這種人可能終其一生都走不進自己人生的大門。另一些人用大量的時間，貼近自然、領悟內心，只讓生命之舟承載所必需的東西。這類人看似貧窮，然而這種與自然規律和諧一致的貧窮，誰說不是一種富有呢？

當你感到疼痛時，應該為自己而慶幸

生命之中沒有疼痛，真的是一種美妙的生活方式嗎？

在《自然》雜誌中，劍橋大學的研究者對 6 個感覺不到物理疼痛小孩的狀況做了介紹。他們是由於患有到了某種十分罕見的神經紊亂而失去痛覺的，分別來自巴基斯坦北部的三個家庭。這 6 個小孩由於感覺不到自己咬自己的疼痛，結果他們的嘴唇都不同程度地受到了傷害，一些需要做整形手術，還有兩個甚至失去了三分之一的舌頭。他們多數都經歷過骨折或骨頭感染，而這些只有在他們跛腳或不能運動之後才會被發現。其中有一個男孩，因為感覺不到疼痛而無所畏懼，從屋頂上跳下來時摔死了，而那天正好是他 14 歲的生日。他們的經歷告訴我們，感覺不到疼痛其實並不是件好事，恰恰相反，人體能感覺到疼痛，是身體對疼痛、疾病或危險發出的一種警示信號，是身體為了防止危險升級而採取的必要保護機制。

所以，當你感到疼痛的時候，別傷心難過，而應該感到幸福，感到慶幸，因為你還能感知到疼痛，這說明你的身體還健康，你還活著。

物理上的疼痛如此，精神上的疼痛又何嘗不是如此？

心痛也很好

疼痛是上帝賦予人類的一份厚禮，它隨時在提醒我們如何去避免傷害。疼痛不同於其他知覺，它從不敢懈怠，只要根源未除，它就會耐心地、不知疲倦地向我們申訴。學會傾聽感受我們的疼痛吧！那是來自體內最古老樸實的語言，它在讓我們感受生命沉重的同時，還讓我們知道怎樣去珍惜愛憐生命。

疼痛是一種最私人的感受，喪失身體的痛感，就相當於喪失了身體的自衛能力。那麼，心靈感到疼痛呢？

心痛也很好。為什麼這麼說呢？

我們先來看一則著名作家林清玄寫的一篇小散文——

一個遭到女友拋棄的年輕人來找我，說到前女友還活得很好，他感到憤恨難平。

我問他為什麼。

他說：「我們在一起時發過重誓的，先背叛感情的人在一年內一定會死於非命，但是到現在兩年了，她還活得很好，老天不是沒長眼睛，難道聽不到人的誓言嗎？」

我告訴他，如果人間所有的誓言都會實現，那人類早就絕種了。因為在談戀愛的人，除非沒有真正的感情，全都是發過重誓的，如果他們都死於非命，這世界還有人存在嗎？老天不是無眼，而是知道愛情變化無常，我們的誓言在智者的耳中不過是戲言罷了。

「人的誓言會實現是因緣加上願力的結果。」我說。

「那我該怎麼辦呢？」年輕人問我。

我對他說了一個寓言：

從前有一個人，用水養了一條最名貴的金魚。有一天魚缸打破了，這個人有兩個選擇，一個是站在水缸前詛咒、怨恨，眼看金魚失水而死；一個是趕快拿一個新水缸來救金魚。如果是你，你怎麼選擇？

「當然趕快拿水缸來救金魚了。」年輕人說。

「這就對了，你應該快點拿水缸來救你的金魚，給牠一點滋潤，救活牠。然後把已經打破的水缸丟棄。一個人如果能把詛咒、怨恨都放下，才會懂得真正的愛。」

年輕人聽了，面露微笑，歡喜地離去。

我想起在青年時代，我的水缸也曾被人敲碎，我也曾被一起發過誓的人背叛。如今我已完全放下詛咒與怨恨，只是在偶爾的情境下，還不免酸楚、心痛。

心痛也很好，證明我養在心裡的金魚，依然活著。

正是一顆敏感細膩的心靈，才使我們擁有對周圍世界的豐富感觸，我們為愛而欣喜若狂，為恨而錐心刺骨，為苦難而有十指連心般的劇痛。當心靈因麻木而冷漠時，我們不再心痛，與此同時我們也失去了體會幸福的能力。

痛並快樂著

有一句流傳很廣的歌詞：「痛並快樂著」。

為什麼一句普通的歌詞會贏得人們的口口相傳，是因為它道出了我們生命中最普通的哲理 —— 痛苦與快樂並存。人生中，有多少事情是「痛並快樂著」的呢？艱難的考研、辛苦的創業……生活總是充滿著矛盾。痛苦的世界裡也許藏著快樂，快樂的世界裡也許隱著痛苦，這就是哲學裡的二律背反。

哲學家叔本華說：「人生是在痛苦和無聊之間來回擺動著的鐘擺。」又說：「生命是一團慾火，慾望不能滿足便痛苦，滿足便無聊，人生就是在痛苦和無聊之間搖擺。」叔本華的人生歷程，是這一哲理的很好的印證過程。在他很小的時候，父母就不合，這使他很少感受到家的溫暖。17 歲時，其父自殺，他也放棄了被迫接受的商業事務訓練。17 歲的叔本華卻感受到了與他年齡不相稱的生存痛苦。儘管他擁有足夠的錢財，不必為生存而奔忙，儘管身體健康，儘管他有自己的理想，這一切都絲毫沒有減弱他那憂鬱的情緒。後來他與母親失合，遠離母親，遠離家。

　　在哲學的道路上，叔本華也是一路坎坷。他的思想和著作不被人認可、讚賞和重視，大量的批評諷刺的言語，接踵而來。柏林大學講課的失敗，再加上他身體狀況的惡化，叔本華陷入內外交困的境地。最後叔本華在孤獨中，在他那條被稱為「世界靈魂」的褐色捲毛狗陪伴下，度過他生命中的最後幾天。

　　叔本華的一生，可謂是痛並快樂著，儘管前方挫折和失敗重重，但都沒有動搖他堅定的信念以及捍衛自己主張的堅定意志，他沒有屈服、永不停頓，孜孜不倦地繼續他的事業、他的理想。與思想上的對手不妥協的鬥爭。這位天才的哲學家是堅毅的戰士，是剛直的勇士。他為理想、為正義、為人生而戰。

　　在人生旅途中難免會遇到不如意，這時不要氣餒，因為要明白人生本來就是痛苦的，但切忌使自己陷入痛苦的泥沼中。我們應該接受痛，並快樂著。痛苦是你保持清醒頭腦的一劑良藥，是讓你反思的一面鏡子，要在痛苦中快樂地追尋你的信念。

　　「痛並快樂著」並不是一種阿 Q 精神的再現，它是一種樂觀的世界觀，是我們對生活的一種良好態度。快樂和痛苦相伴而生，沒有一種快樂

不是在相伴著巨大的痛苦之後而產生的。我們對一直擁有的東西不會覺得珍貴，但一旦失去後再重新擁有，那份快樂無與倫比。

有人對「痛並快樂著」作過一種最形象的詮釋，那就是「分娩」。分娩，就是「痛並快樂著」。

在錯過月亮時，你只是流淚，你將會錯過繁星

泰戈爾曾說：「當你錯過月亮時，你只是流淚，那你也將錯過繁星了。」

生命的過程就像一條蜿蜒的河流，既有平緩的粼粼波光，也有湍急的彎道，還有膽顫心驚的瀑布。然而，不管在哪種情況下，它都從不停下前進的腳步，總是向著前方流去，在它歷經的每一處都表現了自己最美的獨特的身影，在匆匆前行的每一瞬間都蘊含了動人心弦的故事。

沒有一條河流是平穩地流入大海的，瀑布正是在跌落中才展現出自己的偉大力量。人的一生也是這樣，只要想成功，就難免有失敗與挫折。同時，人也是在與困難和失敗對抗的過程中感受到生命的意義。

錯過月亮，還有繁星。我們得學會釋然，暫且放下沉重的包袱，尚能重新奔向新的征程。

錯過月亮時不要只顧流淚

人生在世，都會在選擇之後錯過些什麼：人、事、職業、婚姻、機遇等，這些都可能與我們擦肩而過。正因為如此，人生才顯得匆促。人生中有無數次選擇，如果你錯過了太陽，請不要再錯過月亮。

每年有不少學子，因志願填得不妥而與理想的學校、理想的科系失之交臂。最重要的當然是第一志願了，它凝聚了一個人所有的追求與努力。

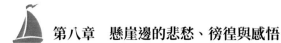

學醫還是學農，學商還是學文，面對單薄的表格，那支筆顯得何其沉重。落下去，就是不可悔改的人生。因此，許多人都把寶押在了第一志願上：「非某某校、某某科系不上！」到了第二志願的填報，也就敷衍了事。我在佩服這些學生萬丈豪情之時，也不能不為他們擔心：難道就這樣孤注一擲嗎？

想起了一句話：毛毛蟲想要過河怎麼辦？答案是變成蝴蝶。在通過升學考試這條河時，如果你變成了一隻蝴蝶，當然最好。但是，人生不如意事十有八九，倘若那幾張考卷並沒有使你長出飛翔的翅膀，你在第一志願前依然是一條沒有羽化的毛毛蟲，怎麼過河呢？

我了解莘莘學子的心情，那種十年寒窗只為第一志願而戰的心情。但我更理解一個人失落的苦悶與無奈。假設當初像對待第一志願那樣對待第二志願，那無疑為多雨的青春提前預備了一把美麗的傘。

我覺得談戀愛的人是另一種形式的「填報志願」。不能與最心儀的新娘結合 —— 由於種種原因，沒能攜手相牽漫步人生之旅，但絕不能因此而拒絕愛情。十步之內，必有芳草。這個比喻，無非是想說明這樣一個道理：錯過了月亮，不能再錯過繁星！

正確地選擇第二志願其實也是一種智慧！誰能保證第一志願帶來的就是精彩，而第二志願帶來的必是無奈？生活不止一次地告訴我們，塞翁失馬，焉知非福？更有那「有心栽花花不開，無心插柳柳成蔭」的諺語，一次次推開塵封的心扉。一扇門關閉了，同時，另一扇門也會為你打開。生活，永遠是公平的。

反過來講，第二志願何嘗不是對你的決心、毅力、自信、才能的另一種考驗？真正的騎手，可以馴服任何一匹烈馬。

把志願分成第一、第二、第三……本身就是一種無奈。一個人難道只

有在面對那張表格時，才知道自己的心中原來只藏著一個志願嗎？果真如此，人生該是多麼的索然無味。我認為，比志願更美、更有人性光輝的是「追求」這兩個字。與第一志願擦肩而過可以，但沒有追求絕不可以。

是的，在人生的征途上，我們常常免不了要被第二志願甚至第三志願「錄取」，這大概是另一種意義上的「生米做成了熟飯」。怎麼辦？那就對自己說：開飯吧！

有一位朋友，年輕時與一少女相戀多年。那少女活潑、開朗、能歌善舞，是個人見人愛的「黑牡丹」。可是由於陰錯陽差，他們分手了，「黑牡丹」遠嫁他鄉，而那位朋友也早已為人夫、為人父。只是那位朋友覺得自己過得極其「不幸」，他覺得對自己的妻子從頭到腳都看不順眼，長相不佳、吃相不佳、坐姿不佳、睡相不佳，總之，妻子沒有一樣特徵如他的意，與羅曼蒂克的「黑牡丹」簡直不能相比。他的妻子為此常常黯然神傷。後來，妻子索性放手，准許他去異鄉看望他的夢中情人「黑牡丹」。朋友如遇大赦地去了，在三天兩夜的火車上，他設計種種重逢的浪漫，於是，他滿懷憧憬地敲開了「黑牡丹」的家門。

開門的是一個腰圍大於臀圍的黑胖夫人，一見面就興趣盎然地對他大講泡酸菜的經驗，因為當時她正在泡酸菜，屋子洋溢著一片繁忙的景象。

這就是令他魂牽夢縈的、朝思暮想的「黑牡丹」！

朋友回到家後，竟突然發覺妻子面面俱佳，妻子也破涕為笑。

人生注定要錯過的，那就讓它錯過好了，我們不能因此而忽視我們眼前的美麗。否則，錯過了太陽，還會錯過月亮，並一錯再錯下去 —— 那就真是大錯而特錯了。

走了太陽，還有月亮。成功與機遇相隨，而機遇卻是一個美麗但性情古怪的天使，當它降臨時，你稍有不慎，它就會棄你而去，使你與成功無緣。

夢想破滅是希望的開始

　　當一個人夢想破滅的時候千萬不要灰心，因為有時候這只是預示另一個希望正向你招手，聰明的人就會抓住它。

　　西元 1800 年代中期，美國西部掀起一股淘金熱潮，大做「淘金夢」的人從世界各地匯聚到此，一個名叫李維・史特勞斯（Levi Strauss）的德國人，也千里迢迢跑到加利福尼亞州（State of California）碰碰運氣。

　　但是，李維・史特勞斯的運氣似乎相當差，儘管拼命淘金，幾個月下來卻沒有任何收穫，使他懊惱地認為自己和金子沒緣分，準備離開加州到別地另謀生路。

　　就在他萬分沮喪之際，猛然發現一個現象，那就是所有淘金客的褲子由於長期磨損而破舊不堪，於是，他靈機一動：「並不是非得靠淘金才能發財致富，賣褲子也行啊！」

　　李維立即將剩下的錢買了一批褐色的帆布，然後裁製成一條條堅固耐用的褲子，賣給當地的淘金客，這就是世界上的第一批牛仔褲。

　　後來，李維又細心地將牛仔褲的質料、顏色加以改變，締造了風行全世界的「李維牛仔褲（Levi's）」。

　　美國著名漫畫家羅伯特・李普利（Robert Ripley）年輕時熱衷體育運動，最大的夢想是成為大聯盟職棒明星。可是，當他如願以償躋身大聯盟時，第一次正式出賽就摔斷了右手臂，從此與棒球絕緣。

　　對羅伯特・李普利來說，這無疑是人生最殘酷的打擊。然而，他很快就擺脫了失敗的噩夢，轉而學習運動漫畫，彌補自己的缺憾。李普抱著不能成為棒球明星，便立下了在報紙上畫運動漫畫的決心，最後終於成為一流的漫畫家，他的「信不信由你」的漫畫專欄風靡了全球。

　　後來，李普常常告訴朋友，自己在第一場比賽就摔斷右手臂，不是「悲慘的結局」而是「幸運的開端」。

　　倘若你所選擇的「淘金」之路走到了盡頭，夢想破滅了，千萬不要過度失望，更不要沉浮於失敗的痛苦中。你應該像羅伯特‧李普利一樣，把失敗當作「幸運的開端」，而不是「悲慘的結局」，趕快建立新的目標，打起精神再次上路。如此，你才能在其他領域獲得最後的勝利。

　　當你在人生旅途上嘗到失敗的苦果，千萬不要就此意志消沉，一蹶不振，應該更加努力，勉勵自己樂觀豁達。那些讓你跌倒的絆腳石，也可能變成你邁向成功的墊腳石，主要看你遭遇挫折之後如何面對往後的人生。

▎幸福與快樂，藏在每個人的心中

　　上帝把幸福與快樂的寶藏藏在人的心中，人卻總是向外去尋找自己的幸福與快樂。

　　傳說在天堂上的某一天，上帝和天使們召開了一個會議。上帝說：「我要人類在付出一番努力之後才能找到幸福快樂，我們把人生幸福快樂的寶藏藏在什麼地方比較好呢？」

　　有一位天使說：「把它藏在高山上，這樣人類肯定很難發現，非得付出很多努力不可。」

　　上帝聽了搖搖頭。

　　另一位天使說：「把它藏在大海深處，人們一定發現不了。」

　　上帝聽了還是搖搖頭。

　　又有一位天使說：「我看哪，還是把幸福快樂的寶藏藏在人類的心中比較好，因為人類總是向外去尋找自己的幸福快樂，而從來沒有人會想到

在自己身上去挖掘這幸福快樂的寶藏。」

　　上帝對這個答案非常滿意。從此，這幸福快樂的寶藏就藏在了每個人的心中。

幸福要用心來讀

　　還記得我們小時候玩過的「萬花筒」嗎？轉動它，裡面的圖案就會跟著變化，漂亮的玻璃，多彩的碎片，透過玻璃鏡子的反射，組合成許多美麗的圖案。

　　幸福就像「萬花筒」般絢麗繽紛，不同的人組合不同的心境，構造成眾多變幻莫測又多姿多彩的人生。在這些豐富的人生中，每個人心態不一樣，感受到的幸福程度就不一樣。

　　幸福就是我們內心真正的需要，只要是心甘情願去做的，並從中感受到快樂，那就是一種幸福。

　　從雜誌上看過這樣一個故事：一位國王總覺得自己不幸福，就派人四處去尋找一個感覺幸福的人，然後將他的外套帶回來。

　　尋找幸福的人碰到人就問：「你幸福嗎？」回答總是說：不幸福，我沒有錢；不幸福，我沒有親人；不幸福，我得不到愛情……就在他們不再抱任何希望時，從一個陽光照耀著的山岡上傳來悠揚的歌聲，歌聲中充滿了快樂。他們隨著歌聲找到了那個「幸福人」，只見他躺在山坡上，沐浴在金色的暖陽下。

　　「你感到幸福嗎？」

　　「是的，我感到很幸福。」

　　「你的所有願望都能實現？你從不為明天煩惱嗎？」

　　「是的。你看，陽光溫暖，微風和煦，我肚子又不餓，口又不渴，天

是這麼藍，地是這麼闊，我躺在這裡，除了你們，沒有人來打擾我，我有什麼不幸福的呢？」

「你真是個幸福的人。那麼請將你的外套送給我們的國王，國王會重賞你的。」

「外套是什麼東西？我從來沒有見過。」……

正如許許多多感嘆自己不幸的人一樣，並不是幸福之神從未光臨過我們，而是因為我們的心靈充滿了慾望，無法正確認知到自己所有擁有的幸福，無法用心去體會已屬於自己的幸福。

所謂幸福，其實是一種觀念，是一種心理上的幸福。人之幸福，全在於心之幸福。別人或許可以幫助我們擺脫貧困，可以幫助我們富裕，但無法幫助我們幸福，因為幸福是內心的感受，讀懂了自己，才能讀懂幸福！

那些總是抱怨不幸的人，總愛用狹隘的思想囚禁自己，總把眼光盯在不曾擁有的東西上；其實，靜下心來，放下心靈的負擔，仔細品味已擁有的一切，學會欣賞自己擁有的，就不難發現，竟有那麼多值得別人羨慕的地方，幸福之神原來一直圍繞在我們身旁。

幸福就是如此，坐轎子的人是幸福的，抬轎子的人也未必不幸福，這個世界上，每個人都有自己的位置，每個人也都有自己的追求。有人喜歡烈火般的刺激，有人喜歡清水般的寧靜，選擇適合自己的生活，得到想要的生活，便是真正的幸福。

「幸福要用心來讀。」了解我們的內心，學會和它對話，看清楚自己幸福的根源在哪裡，讓我們循著幸福的軌跡去尋找。追求的過程何嘗又不是一種幸福呢？當我們可以感受到自己越來越平和的心態，越來越淨化的心靈，不再用咄咄逼人來武裝自己，只是雲淡風輕地從容應對一切之時，其實就悟到了幸福的真諦。

心安就是最大的幸福

有人問過一位快樂的老人：「你為何會這樣幸福呢？你一定有關於創造幸福的祕訣吧？」

「不，不！」老人回答，「我只是『心安』而已。」

「心安還能選擇？」這件事乍聽之下，也許單純得令人不敢相信，但是，林肯也曾這樣說過：「人們只要心安，他就會擁有幸福。」

一位國王獨自到花園裡散步，使他萬分詫異的是，花園裡所有的花草樹木都枯萎了，園中一片荒涼。

後來國王了解到，橡樹由於沒有松樹那麼高大挺拔，因此輕生厭世死了；松樹又因自己不能像葡萄那樣結許多果子，也死了；葡萄哀嘆自己終日匍匐在架上，不能直立，不能像桃樹那樣開出美麗可愛的花朵，於是也死了；牽牛花也病倒了，因為它嘆息自己沒有紫丁香那樣芬芳；其餘的植物也都垂頭喪氣，無精打采，只有很細小的心安草在茂盛地生長。

國王問道：「小小的心安草啊！別的植物全都枯萎了，為什麼你這小草這麼勇敢樂觀，毫不沮喪呢？」小草回答說：「國王啊！我一點也不灰心失望，因為我知道，如果國王您想要一棵橡樹，或者一棵松樹、一叢葡萄、一株桃樹、一株牽牛花、一棵紫丁香等，您就會叫園丁把它們種上，而我知道您寄望於我的就只是要我安心做小小的心安草。」

《牛津格言》中說：「如果我們僅僅想獲得幸福，那很容易實現。但，我們希望比別人更幸福，就會感到很難實現，因為我們對於別人幸福的想像總是超過實際情形。」人各有所長，各有所短。我們既不能總是以己之長，比人之短；也不應以己之短，比人之長。生活中的許多煩惱都源於我們盲目地和別人比較，而忘了享受自己的生活。

聖嚴法師說：「幸福就是一種心安的感覺！不焦躁、不貪婪、不憤怒就會心安，就是幸福。」鄭板橋有云：「心安是福。」何謂心安？心靈安寧之謂也。無愧於天地，無羞於人世，無怨無悔，無仇無恨，無非分之想，無難消之痛，如大山之巍，風雨不動，如深潭之靜，波瀾不驚。

現代人生活在經濟社會，容易造成因追求過高的物質享受而忽略精神生活的陶冶。人們在追求物質享受的時候，往往陷入盲目的比較之中。不管自身的經濟條件如何，看見人家有了液晶電視，自己就想買一臺；液晶電視剛搬進家，別人又買了轎車；待他費盡心力買了轎車；人家又搬進了別墅，他又開始忙碌追逐……這種比較之心使人人比不勝比、身心疲憊、痛苦萬分。一位朋友的妻子，每到別人家拜訪，回家就一肚子氣。原因是人家總比自家好，自家總不如人家。後來鬧得我的這位朋友再也不敢讓她出門拜訪他人。

實際上，盲目比較的人，每一次的比較達到目的之後，並無法感到快樂，那種患得患失的心理反而會把他推向更加痛苦的深淵。正如有人云，因為迷失了自己，失去了自我，生活對他來說，就只能是一種負擔，而不是快樂與享受；是一種不斷比較的苦悶，而不是喜悅和充實。

有盲目比較之心的人，如果能靜下心來好好想一想，顯而易見的道理就在你的眼下：人一生下來，就千差萬別。個子有高有矮；容貌有美有醜；智商有高有低；家境有窮有富……在生活中，形成了人自身的環境和個人的條件各自不同的情況。所以，人不能超越自身所處的環境和條件而毫無限制地比較。否則將會跌進無盡的煩惱之中，而煩惱的結果是自己感到活得累、活得苦，生活缺少樂趣，到頭來未老先衰，痛不欲生地活了這麼一輩子，多麼不值得啊！

揚帆在暗礁遍布的人生之河：

乘著迎面而來的風，跟隨希望一同逆流而上

編　　著：林麗娟，江城子

發 行 人：黃振庭

出 版 者：崧燁文化事業有限公司

發 行 者：崧燁文化事業有限公司

E-mail：sonbookservice@gmail.com

粉 絲 頁：https://www.facebook.com/
　　　　　sonbookss/

網　　址：https://sonbook.net/

地　　址：台北市中正區重慶南路一段六十一號八
　　　　　樓 815 室

Rm. 815, 8F., No.61, Sec. 1, Chongqing S. Rd.,
Zhongzheng Dist., Taipei City 100, Taiwan

電　　話：(02)2370-3310

傳　　真：(02)2388-1990

印　　刷：京峯彩色印刷有限公司（京峰數位）

律師顧問：廣華律師事務所 張珮琦律師

定　　價：350 元

發行日期：2023 年 01 月第一版

◎本書以 POD 印製

國家圖書館出版品預行編目資料

揚帆在暗礁遍布的人生之河：乘著
迎面而來的風，跟隨希望一同逆流
而上 / 林麗娟，江城子編著 . -- 第
一版 . -- 臺北市：崧燁文化事業有
限公司 , 2023.01
　　面；　公分
POD 版
ISBN 978-626-332-913-3(平裝)
1.CST: 人生哲學 2.CST: 格言
191.9　　111018624

電子書購買

臉書